Pedro Henriques

# GESTÃO EM CAMPO
## LIÇÕES NA PROFISSIONALIZAÇÃO DO FUTEBOL

Appris editora

Editora Appris Ltda.
1.ª Edição - Copyright© 2022 do autor
Direitos de Edição Reservados à Editora Appris Ltda.

Nenhuma parte desta obra poderá ser utilizada indevidamente, sem estar de acordo com a Lei nº 9.610/98. Se incorreções forem encontradas, serão de exclusiva responsabilidade de seus organizadores. Foi realizado o Depósito Legal na Fundação Biblioteca Nacional, de acordo com as Leis nos 10.994, de 14/12/2004, e 12.192, de 14/01/2010.

Catalogação na Fonte
Elaborado por: Josefina A. S. Guedes
Bibliotecária CRB 9/870

| | |
|---|---|
| H519g 2022 | Henriques, Pedro Gestão em campo: lições na profissionalização do futebol / Pedro Henriques. - 1. ed. - Curitiba: Appris, 2022. 182 p. ; 23 cm. Inclui referências. ISBN 978-65-250-3558-1 1. Futebol – Administração. 2. Dirigentes de futebol. 3. Jogadores de futebol. I. Título. |
| | CDD – 796.334 |

**Appris** editora

Editora e Livraria Appris Ltda.
Av. Manoel Ribas, 2265 – Mercês
Curitiba/PR – CEP: 80810-002
Tel. (41) 3156 - 4731
www.editoraappris.com.br

Printed in Brazil
Impresso no Brasil

Pedro Henriques

# GESTÃO EM CAMPO
## LIÇÕES NA PROFISSIONALIZAÇÃO DO FUTEBOL

Appris editora

## FICHA TÉCNICA

**EDITORIAL**
Augusto Vidal de Andrade Coelho
Sara C. de Andrade Coelho

**COMITÊ EDITORIAL**
Marli Caetano
Andréa Barbosa Gouveia (UFPR)
Jacques de Lima Ferreira (UP)
Marilda Aparecida Behrens (PUCPR)
Ana El Achkar (UNIVERSO/RJ)
Conrado Moreira Mendes (PUC-MG)
Eliete Correia dos Santos (UEPB)
Fabiano Santos (UERJ/IESP)
Francinete Fernandes de Sousa (UEPB)
Francisco Carlos Duarte (PUCPR)
Francisco de Assis (Fiam-Faam, SP, Brasil)
Juliana Reichert Assunção Tonelli (UEL)
Maria Aparecida Barbosa (USP)
Maria Helena Zamora (PUC-Rio)
Maria Margarida de Andrade (Umack)
Roque Ismael da Costa Güllich (UFFS)
Toni Reis (UFPR)
Valdomiro de Oliveira (UFPR)
Valério Brusamolin (IFPR)

**SUPERVISOR DA PRODUÇÃO**
Renata Cristina Lopes Miccelli

**ASSESSORIA EDITORIAL**
Débora Sauaf

**REVISÃO**
Andréa L. Ilha

**PRODUÇÃO EDITORIAL**
Raquel Fuchs

**DIAGRAMAÇÃO**
Yaidiris Torres

**CAPA**
Bruno Nascimento

# AGRADECIMENTOS

A minha família que sempre me proporcionou todo o necessário para que estivesse preparado para os desafios e as oportunidades que viessem a surgir em minha vida.

A Kiko, porque foi o maior incentivador da minha paixão pelo futebol.

A meus amigos! Especialmente os que fiz ao longo do meu trabalho em gestão esportiva.

# PREFÁCIO

Quando me tornei presidente do Esporte Clube Bahia aos 33 anos e 23 dias, no final de 2014, imaginava que seria uma aventura fantástica. Somados aos 29 anos de Pedro Henriques, recém-eleito vice-presidente, éramos de uma geração que enxergava muitas situações de modo diferente aos experientes dirigentes dos clubes brasileiros da Série A ou da Série B.

O choque cultural é parte de um longo aprendizado. Não pense no maniqueísmo bem *versus* mal entre as gerações. Reflita sobre os variados caminhos para se atingir um determinado objetivo. Administrar um clube de futebol é, essencialmente, planejar ações - enquanto se equilibram emoções. Aqui sim existem opostos claros: a frieza necessária para decidir convive com sentimentos complicados de controlar - sejam do próprio gestor, como de conselheiros, sócios ou torcedores. No futebol, sucesso se mede em títulos. E como se conquistam as taças?

Na infância, os títulos se conquistam com paixão. Um amor sem limites pelo clube que juramos amar a vida inteira. O clube do coração é, para muitos fãs do futebol, o primeiro amor fora das relações familiares. Alimenta-se o impossível. Mas a vida ensina, ano a ano, temporada após temporada, que existem limites para aquele amor-perfeito, em que os três pontos perdoam tudo.

A ação judicial que permitiu a recuperação do patrimônio do Bahia (centro de treinamento do Fazendão e centro de treinamento Evaristo de Macedo), a adequação estatutária para votações online, as tensões na relação com o consórcio Fonte Nova Negócios e Participações, administrador da Arena Fonte Nova, e a gangorra vivida pelos clubes de Pernambuco e de Ceará, invertendo forças em período de cinco anos, serão alguns temas comentados páginas à frente.

A diferença, através do "Gestão em campo", está na possibilidade de ir além da teoria e dos conceitos. Está na oportunidade do leitor conhecer a visão a partir de uma pessoa que foi representante de um dos lados diretamente envolvidos no processo e entender o contexto daquela tomada de decisão. Um clube de futebol é um organismo vivo onde cada departamento ajuda a construir o todo. Mas, afinal de contas, foi tomada a melhor decisão? Foi a possível? Foi necessária? Ou foi simplesmente inevitável?

Aos curiosos, também há bastidores das negociações dos novos contratos de transmissão que, assinados em 2016, encerraram o "monopólio" da TV Globo com a entrada da Turner/Esporte Interativo, a partir de 2018. Na planilha, era uma decisão simples, mas como calcular o gigantesco impacto político? Agora em 2022, com a explosão do *streaming* durante os dois anos de intensa pandemia do Covid, fica mais fácil de entender aquela escolha e que aquele antigo modelo de venda dos direitos de transmissão não teria como se sustentar no futuro - que é o presente onde estamos.

A moda agora é debater SAF (Sociedade Anônima do Futebol), Liga de Clubes e, em breve, provavelmente, a nova Lei Geral do Esporte. Mas a bola também dá voltas e um novo ciclo dos direitos de transmissão já está em gestação. Contratos desta complexidade começam a ser discutidos com pelo menos dois ou três anos antes do término. Quem está mais preparado para conduzir essa conversa? Os clubes, empresas de mídia, intermediários, os atores políticos?

Aprender é um desafio para todo gestor. Reinventar-se muitas vezes é necessário pois, diariamente, a inovação conflita com a tradição. Cabe à liderança entender o contexto e criar as condições para existir uma construção coletiva. São muitas pressões, tentações e interesses para se abandonar o planejamento. As grandes conquistas precisam de tempo. E tempo é algo que a vaidade de ser campeão a qualquer custo não tem a oferecer.

**Marcelo Sant'Ana**

# SUMÁRIO

INTRODUÇÃO .................................................................13

## LIÇÃO NÚMERO 1
**FAZER TUDO IGUAL E ESPERAR RESULTADOS DIFERENTES É A DEFINIÇÃO DE LOUCURA** ............................................19
   "SEMPRE FOI ASSIM" ......................................................22
   PESSOAS CERTAS NOS LUGARES CERTOS ..................................24
   METAS, MÉTRICAS E PROCESSOS...........................................30

## LIÇÃO NÚMERO 2
**A CULTURA COME O PLANEJAMENTO NO CAFÉ DA MANHÃ**................33
   CLUBE-EMPRESA – A salvação do futebol brasileiro? .........................39
      I. Profissionalismo .....................................................42
      II. Estabilidade estratégica..............................................43
      III. Captação de investimentos .........................................45
      IV. Questão Fiscal ....................................................46
      V. Recuperação judicial ...............................................47
      VI. Democracia e participação .........................................48
   A MELHOR POLÍTICA É O EXEMPLO E O RESPEITO ..........................49

## LIÇÃO NÚMERO 3:
**APROVEITE SEUS PONTOS FORTES** .......................................54
   O GOL QUE O TORCEDOR NÃO VÊ.........................................56
   TIRANDO O MELHOR DE SUAS CARACTERÍSTICAS .........................59

## LIÇÃO NÚMERO 4
**CONSISTÊNCIA É FUNDAMENTAL**..........................................65
   A GANGORRA DO FUTEBOL ...............................................69
   TIME QUE SEMPRE CHEGA, ALGUMA HORA, GANHA........................72
   OUTRO PATAMAR .........................................................73

## LIÇÃO NÚMERO 5
### O BOM GESTOR PREPARA O CLUBE PARA ESTAR BEM DEPOIS QUE ELE FOR EMBORA .................................................................77
O NORTE NA TOMADA DE DECISÕES ...........................................79
VENDENDO O ALMOÇO PARA COMPRAR A JANTA .............................80

## LIÇÃO NÚMERO 6:
### "ORDEM E PROGRESSO" SÓ EXISTE NA BANDEIRA........................87
LIGA DO NORDESTE X CBF.....................................................90
O FIM DO MONOPÓLIO ..........................................................92
A LEI DO MANDANTE ...........................................................97

## LIÇÃO NÚMERO 7:
### MELHOR PEDIR "DESCULPA" DO QUE PEDIR "POR FAVOR"...............102
QUEBRANDO PARADIGMAS .....................................................105
POLÍTICA DA BOA VIZINHANÇA?..............................................111
RECORDES DE PÚBLICO........................................................112

## LIÇÃO NÚMERO 8:
### QUEM NÃO ENTENDE O NEGÓCIO É ENGOLIDO PELO MERCADO.........115
ACUPUNTURA DE DESPESAS ..................................................116
INCREMENTO DE RECEITAS....................................................117
TEMPO DE ENGAJAMENTO......................................................122
RESPONSABILIDADE SOCIAL...................................................124
SCOUTING E POLÍTICA DE CONTRATAÇÕES....................................127
NOVA COMUNICAÇÃO E NOVOS TORCEDORES ...............................129
GERAÇÃO Z....................................................................132

## LIÇÃO NÚMERO 9
### FAÇA O CERTO MESMO QUANDO FOR INCONVENIENTE...................135
A ARTE DA TOMADA DE DECISÃO..............................................137
LÓGICAS ORÇAMENTÁRIAS ....................................................140
DOPING FINANCEIRO ..........................................................142
RESPONSABILIDADE DO GESTOR ...............................................145

## LIÇÃO NÚMERO 10

RESILIÊNCIA ... 147

TEORIA DA CONSPIRAÇÃO ... 149

LIDANDO COM FRACASSO ... 151

O SUCESSO NÃO ACABA COM OS PROBLEMAS ... 155

CASO VICTOR RAMOS ... 157

## LIÇÃO NÚMERO 11

CONCEITOS NÃO SÃO FINS EM SI MESMOS ... 161

CONVICÇÃO NÃO PODE VIRAR TEIMOSIA ... 162

CONVICÇÃO TAMBÉM VIRA TEIMOSIA NO CAMPO —
ISSO NÃO É PRIVILÉGIO DA GESTÃO ... 164

A HISTÓRIA DO SAPO NA PANELA ... 165

FLEXIBILIDADE PARA FAZER MUDANÇAS ... 166

CONCEITOS EM CONFLITO ... 168

## LIÇÃO NÚMERO 12

A ESPERANÇA NÃO PODE VENCER A EXPERIÊNCIA ... 174

NÃO COMETA OS MESMOS ERROS ... 175

É PRECISO SABER ENCERRAR CICLOS ... 178

# INTRODUÇÃO

Como a maioria dos brasileiros, sempre fui aficionado por futebol. Também sempre tive extremo interesse em gestão. Gosto de administrar, de resolver problemas. A experiência mais marcante da minha infância/juventude foi liderar uma equipe de 200 pessoas nas tradicionais gincanas colegiais da cidade de Salvador.

Sou apaixonado por desafios. Nunca fui fã de quebra-cabeças, mas, desde muito jovem, sempre adorei enigmas. Decifrar um enigma ou resolver um problema difícil me traz uma satisfação enorme. Sempre encarei essas atividades como lazer.

Percebi, depois de algum tempo, que, se soubermos encarar com a perspectiva correta, muitas atividades que desenvolvemos no dia a dia, especialmente na gestão esportiva, são exatamente isso: problemas para resolver e enigmas para decifrar. Como sempre gostei disso, então, vi que poderia encarar meu trabalho como uma grande diversão.

Assim, passei a viver o clichê "quem faz o que ama não trabalha, se diverte".

Foi vivendo essa realidade que comecei a trabalhar no Esporte Clube Bahia, um tradicional clube do futebol brasileiro que conquistou dois títulos nacionais ainda no século passado, mas que, nas primeiras décadas desse milênio, passou por crises terríveis, tanto desportivas quanto de credibilidade, amargando a disputa, por dois anos, da Série C do Campeonato Brasileiro (2006 e 2007) em uma época em que não existia sequer série D, então, podemos dizer que o clube chegou ao fundo do poço do futebol nacional, menos de 20 anos depois de conquistar seu segundo título brasileiro (em 1988).

Na sua estrutura amadora, permeada por cardeais políticos, o Bahia não permitia uma ampla participação dos seus torcedores na gestão do clube, não tinha transparência e até dificultava a associação aos seus quadros. Isso não só impedia o aumento de receita, como também proporcionava a concentração de poder político nas mãos dos poucos que já o detinham.

Mas essa realidade mudou. Vamos falar um pouco sobre como isso aconteceu ao longo desse livro. E foi, sem dúvidas, graças a essa mudança que eu pude mergulhar no mundo da gestão esportiva. Foi vivendo nesse universo, tentando "consertar" o destino de um clube, que eu vi meu ceticismo apresentar algumas rachaduras.

Comecei a crer que é possível, mesmo, mudar o futebol brasileiro. É difícil, trabalhoso, demorado, mas possível. Cheguei a essa conclusão por um motivo muito simples. As pessoas começaram a prestar atenção em detalhes que, antes, passavam despercebidos.

Tive essa convicção em 2019.

O ano de 2019, no futebol brasileiro, foi marcado pelo excelente time do Flamengo comandado pelo português Jorge Jesus e liderado por Gabriel Barbosa, Everton Ribeiro, Arrascaeta, Bruno Henrique e companhia. Mas, para quem se atenta ao mundo da bola para além das quatro linhas, houve um time que chamou mais atenção do que aquele mágico rubro-negro carioca.

No dia 26 de maio de 2019, o *Fantástico*, maior noticiário dominical do Brasil, exibiu uma matéria de 11 minutos sobre o Cruzeiro. Diferente do que se poderia imaginar, contudo, a reportagem não tratava sobre os êxitos do clube mineiro — naquele momento, atual bicampeão da Copa do Brasil.

A matéria de Gabriela Moreira e Rodrigo Capelo, em horário nobre, trouxe uma enxurrada de denúncias gravíssimas sobre irregularidades e ilícitos na gestão da Raposa. A cessão de direitos econômicos de atletas para um empresário foi um exemplo. Numa só ação, havia diversas irregularidades! Primeiro, que o sujeito não era agente com registro na CBF, exigência que as empresas de agenciamento precisam atender para que os clubes lhes façam pagamentos; segundo, que a FIFA não permite que qualquer pessoa — além de clubes e atletas — seja detentora de direitos econômicos; e terceiro, que o clube mineiro chegou a ceder percentuais relativos a um "atleta" de menos de 12 anos de idade, contrariando a legislação nacional.

Além desses problemas, vislumbrou-se uma estrutura viciada. Os clubes de futebol, no Brasil, via de regra, são associações sem fins lucrativos que costumam ter quatro instâncias de poder: a diretoria, o conselho deliberativo, o conselho fiscal e a assembleia geral. À diretoria, compete gerir o clube. Aos conselhos, cabe atuar e fiscalizar, cada um dentro de suas atribuições estatutárias. A assembleia geral, órgão soberano que contém todos os sócios do clube, usualmente, define eleições, alterações estatutárias e trata de temas de alta relevância para a instituição.

A reportagem do *Fantástico* denunciou que vários conselheiros eram remunerados pelo clube. Tal situação, embora não proibida legal ou estatutariamente, evidentemente, gerava um conflito de interesses, afinal, fazia com que o "fiscal" fosse remunerado pelo "fiscalizado".

Naquele 26 de maio, o Brasil apaixonado por futebol chocou-se com os bastidores do seu querido esporte que teve muitos dos seus esqueletos expostos nas salas de milhões de famílias.

Mas em 2019 eu já era Diretor Executivo do Esporte Clube Bahia. Já conhecia os bastidores do futebol. Aquela reportagem não trouxe conteúdo que me causasse espanto. Eu já tinha visto coisas muito similares — e algumas até piores — acompanhando a história do Bahia.

O Esporte Clube Bahia, em 2013, teve toda sua diretoria e seus conselhos destituídos por ordem judicial. Algo sem precedentes no futebol brasileiro. Acho que isso, por si só, revela a dimensão dos absurdos que foram praticados dentro da instituição.

A minha surpresa nesse fatídico dia, portanto, não foram os fatos expostos por Gabriela Moreira. Ali eu não vi novidade. A grande novidade para mim foi a exposição daquelas mazelas em horário nobre, em rede nacional, na maior emissora de TV aberta do país.

Sinal dos tempos.

Precisamos que um presidente da CBF fosse preso na Suíça. Precisamos tomar sete gols da Alemanha no Mineirão. Precisamos que cartolas destroçassem administrativamente um clube que era, naquele momento, bicampeão nacional, levando-o ao rebaixamento em meio a uma crise moral e financeira.

Mas, enfim, o momento parece ter chegado. O Brasil começou a olhar com mais atenção para a gestão no esporte. Finalmente parece haver a compreensão de que o que se faz fora do campo reflete dentro dele.

No fim do dia, o futebol é uma competição financeira. Vai ganhar quem tiver maior capacidade de investimento e conseguir refletir isso na montagem da melhor equipe. Basta verificar que os times com maior orçamento sempre têm ocupado as colocações mais elevadas da tabela do Campeonato Brasileiro. Já são décadas que vemos imprensa, dirigentes e políticos falando sobre modernização do futebol, *fair play* financeiro... *show* de ideias e conceitos, mas, na prática, o que observamos é o nosso futebol piorar a cada ano.

Há quem diga que o futebol é um produto da indústria do entretenimento. Se olharmos em escala mundial, é indiscutível que essa afirmação é verdadeira. Mas, no Brasil, será que isso é real? A mim, parece uma afirmação um tanto romântica. Talvez a melhor descrição da relação entre "futebol" e "indústria do entretenimento" seja um amor platônico, ao menos aqui em nossas terras tupiniquins.

Falamos que temos um produto *"premium"* com a vaidade de quem tem o futebol pentacampeão mundial, com milhões de apaixonados acompanhando e gerando rios de dinheiro. No entanto, em paralelo a isso, temos gestões amadoras que não promovem esse produto adequadamente e fazem com que estejamos muito longe de atingir seu inteiro potencial.

O que pretendo fazer, neste livro, é compartilhar as lições que aprendi na prática sobre como é possível transformar a gestão amadora em profissional no futebol brasileiro. Esta não é uma obra acadêmica, é um compartilhamento de experiências, com êxitos e frustrações, mas com a certeza de que é possível fazer diferente. Melhor.

Para finalizar essa breve introdução, veio-me à mente algo que escrevi ainda em 2016, em meio aos arroubos quixotescos dos meus 31 anos. Pareceu-me pertinente reproduzir o conteúdo neste espaço, pois, já ali, tudo que eu queria era, simplesmente, fazer as coisas corretamente na gestão do futebol.

Não deveria ser tão difícil.

[...]

### A caravana não para (texto publicado em 6 de abril de 2016)

*Vivemos um momento em que é fácil vislumbrar a desonestidade. O ardil. A deliberada conduta de tentar tirar o foco daquilo que as pessoas precisam se atentar, direcionando-as a factoides.*

*Factoides e mentiras são imputados a pessoas de bem, sérias e que conduzem seus trabalhos de forma ética e honesta. Buscam atingir-lhes a honra para abalá-las e inibi-las de agir conforme seus princípios.*

*Ainda no século XVIII, o filósofo Edmund Burke nos alertou: a única coisa necessária para o mal prevalecer é que os homens bons nada façam.*

*E, infelizmente, é comum ver homens bons se omitirem. Olharem para o outro lado.*

*Não porque estejam a tornar-se maus, mas por lhes faltar coragem.*

*Por ser difícil desafiar um sistema corrupto.*

*Por preverem as dificuldades de enfrentar uma instituição cujo histórico de falsificações de documento torna controversa a credibilidade das suas declarações.*

*Por perfilarem contra adversários que usam de comunicólogos que possuem agendas particulares para lhes jogar de encontro à opinião pública.*

*Por se verem submetidos a uma entidade que é mundialmente reconhecida por sua corrupção. E, pior, por saberem que, mesmo com diversos desmandos, aqueles que a lideram jamais são punidos –* ao menos em território nacional.

*Nosso conterrâneo Rui Barbosa chegou a profetizar: de tanto ver triunfar as nulidades, de tanto ver prosperar a injustiça, de tanto ver agigantarem-se os poderes nas mãos dos maus, o homem chega a desanimar-se da virtude, a rir-se da honra e a ter vergonha de ser honesto.*

*O meio do futebol, assim como diversos segmentos da sociedade, tem muita sujeira. Uma análise superficial traz um dado elucidativo: trata-se de ambiente que movimenta milhões e é composto por inúmeros "abnegados".*

*Difícil acreditar num trabalho sério sem que haja profissionalização. Tal como diversos setores da sociedade, no futebol há muita "política", inclusive, na pior conotação da palavra.*

*Basta procurar, nos noticiários dos bastidores do mundo da bola, que se encontra uma série de referências nesse sentido.*

*Tudo isso desencoraja e desanima.*

*É difícil manter-se firme em suas convicções e travar a boa luta. Mas é necessário.*

*Apesar de todo o mal, há o bem. Há esperança. E haverá luta.*

*A profissionalização e a responsabilidade pedem passagem no futebol. Ainda não se superou o tempo dos velhos cartolas. Mas o caminho para isso está traçado.*

*Reformas não são apenas necessárias, mas imperativas.*

*Ligas estão sendo criadas, monopólios rompidos, e a própria Lei de Responsabilidade Fiscal do Esporte serve não apenas como indício, mas prova irrefutável de que o antigo modelo de gestão do futebol no Brasil está a um passo do fim.*

*Que esses sinais sirvam de alento àqueles que insistem em lutar, em enfrentar o sistema, apesar de todas as intempéries que essa batalha proporcionar.*

*Lembremos, pois, que o futebol tem, também, uma função social. Se pudermos ajudar na moralização de algo nesse país, é nossa obrigação lutar com cada fibra do nosso ser para buscar a consecução do que é justo e correto.*

## LIÇÃO NÚMERO 1

# FAZER TUDO IGUAL E ESPERAR RESULTADOS DIFERENTES É A DEFINIÇÃO DE LOUCURA

Fazer gestão não é um bicho de sete cabeças. Em tese, qualquer pessoa com o mínimo de conhecimento em administração tem noção básica do que precisa ser feito para organizar um negócio, qualquer que seja sua natureza.

Por conta disso, você perceberá durante a leitura deste livro que usarei alguns clichês. E até falarei coisas que são bastante óbvias. Mas, incrivelmente, tanto na nossa sociedade atual quanto na gestão do futebol, coisas que são claras e cristalinas para alguns de nós não o são para outros. Então, aqui, temos que ter esse excesso de zelo para que tudo fique muito claro.

Na gestão do futebol brasileiro, fazer o básico já é algo diferenciado. É uma constatação triste, até porque desvaloriza um pouco a função que exerci durante muito tempo, afinal estou dizendo que uma pessoa medíocre já seria "diferenciada" no meio da gestão esportiva. Mas, infelizmente, isso é verdade.

Então, vamos tomar logo uma aula de clichês para iniciar nosso trabalho.

Há quem atribua a frase que estabelece nossa primeira lição a Einstein *"Fazer tudo igual e esperar resultados diferentes é a definição de loucura"*. No entanto, em tempos em que a cada semana vemos, pela internet, uma citação atual de Clarice Lispector, preferirei atribuir essa regra à sabedoria popular.

Antes de falar em "fazer diferente", contudo, é essencial entender as entidades esportivas e o que costuma ser praticado nelas.

Para mudar a condução das coisas, é preciso iniciar o trabalho com um "freio de arrumação". Considerando que os clubes são instituições políticas e que seus gestores máximos são eleitos, é certo dizer que o presidente que vai iniciar sua gestão precisa passar a conhecer, verdadeiramente, as entranhas do clube.

Então aqui vai a primeira recomendação para início de um trabalho de mudança: uma imersão é imperativa. As primeiras semanas e meses são fundamentais para buscar o conhecimento pleno do funcionamento do clube. Por mais que quem esteja fora da gestão possa ter suas impressões e convicções, é apenas no dia a dia, e tendo a responsabilidade de tomar decisões, que se conhecerá, de fato, o significado de comandar um clube de futebol.

O novo gestor precisa iniciar seu trabalho despido de preconceitos, pois, por mais que pense diferente do seu antecessor, certamente haverá algo de bom no trabalho realizado anteriormente. Ninguém faz tudo certo ou tudo errado. Tem um monte de cinza no meio do preto e branco com que muita gente pinta todas as coisas. Isso vale para o caso do novo mandatário ser tanto de oposição quanto da situação do seu antecessor.

A coisa mais importante que um novo presidente (ou o mesmo — em caso de reeleição) precisa fazer é uma reflexão (ou autoavaliação). É necessário ter exata noção da situação do clube. É preciso ter discernimento sobre a capacidade financeira, a qualidade do elenco, as políticas estratégicas quanto ao posicionamento de *marketing*, a implementação de profissionalismo com a gestão corporativa e transparência... Só avaliando bem cada um desses relevantes elementos da administração, o novo gestor poderá diagnosticar exatamente ONDE O CLUBE ESTÁ.

Essa é a segunda e ainda mais importante recomendação: tão fundamental quanto saber aonde se quer chegar, é ter a exata noção de onde se está. Isso precisa ser deixado claro desde o início, pois só assim é possível traçar um planejamento adequado para atingir suas metas. Se o capitão do barco não souber onde está, não terá como saber qual caminho precisa percorrer para chegar ao destino desejado.

Quando comecei o trabalho no Bahia, em dezembro de 2014, o clube havia sido rebaixado para a Série B e estava completamente endividado e sem credibilidade no mercado. Se algum gestor que assumisse o clube dissesse, naquele momento, que o objetivo da gestão (que dura três anos) era ser campeã nacional ou ao menos chegar a uma Copa Libertadores, ele seria um irresponsável populista.

Por outro lado, quando retornei ao Bahia, em fevereiro de 2018 (dois meses após o fim do meu mandato), para ocupar o cargo de Diretor Executivo, a realidade do clube era outra. Ele estava de volta à Série A, com credibilidade restaurada e com um elenco respeitável que fez uma temporada digna no Brasileiro anterior e conquistou uma Copa do Nordeste (título que o clube não conseguia há 15 anos). Além disso, o faturamento crescia, e um novo Centro de Treinamento — dentre os melhores do Brasil — estava prestes a ser inaugurado, e, com isso, a confiabilidade estava sendo reconstruída. Desse modo, era claramente possível pensar em metas mais audaciosas.

Cada clube vive seu momento. E cada gestor tem que saber planejar o seu clube conforme essa realidade. Não adianta fazer negociações de altos valores se não conseguir pagar os salários em dia. Caramba, não adianta ter jogadores com salários de centenas de milhares de reais e não pagar nem os impostos nem as demais contas básicas no fim do mês! Infelizmente, contudo, vemos essa realidade de tempos em tempos no noticiário esportivo.

Para ser audacioso de forma sustentável, é preciso arrumar a casa. Você não consegue fazer o segundo andar de uma construção se a fundação não for sólida. Se fizer isso, pode até conseguir deixar as coisas de pé por um tempo, mas, mais cedo ou mais tarde, a estrutura vai começar a ruir e o desabamento irá destruir tudo e todos que estiverem por ali.

Foi assim no caso do Cruzeiro. Depois de vencer a Copa do Brasil em 2017 e 2018, com uma gestão que não pensou na sustentabilidade do clube a longo prazo, foi rebaixado em 2019, punido pela FIFA com perda de pontos na Série B de 2020 e, permanecerá, no mínimo, até a temporada de 2022 na segunda divisão do futebol nacional.

O grande segredo da gestão está no equilíbrio! Evidentemente, o dirigente não pode se preocupar apenas com o aspecto financeiro. O futebol é o que move os clubes. Então, é preciso investir e montar times competitivos. Mas é imperativo entender que é possível fazer isso tendo responsabilidade.

O dirigente tem que pensar não somente no seu mandato, mas no sucesso do clube muito tempo depois que ele já tiver deixado a instituição. Se o gestor não atuar com esse norte, correrá o risco de colocar sua vaidade à frente do que mais deveria interessar: o sucesso consistente e duradouro do seu clube.

E essa reflexão — sobre sustentabilidade e sucesso a longo prazo — o dirigente deve levar em consideração ao iniciar o trabalho de gestão no seu clube, cuidando para vê-la refletida nas ações praticadas no dia a dia da administração.

## "SEMPRE FOI ASSIM"

Uma das respostas que mais escutei na medida em que buscávamos mudar as práticas do Esporte Clube Bahia, no começo do trabalho iniciado em dezembro de 2014, era "mas isso sempre foi feito assim".

Eu e o presidente Marcelo Sant'Ana parecíamos querer inventar a roda toda vez que apresentávamos um novo processo, sistema ou método de desenvolver os trabalhos.

Por que havia prestadores de serviços — como corretores de imóveis — frequentando a sede administrativa do clube? Por que havia "empresários" de atletas acompanhando os treinamentos da base e com acesso livre aos garotos? Por que qualquer conselheiro do clube entrava no centro de treinamento sem hora marcada ou compromisso agendado com algum funcionário do clube?

A resposta era a mesma em todos os casos: porque sempre foi assim.

Obviamente essa resposta não poderia bastar. Se as práticas do clube tivessem levado a instituição a um ciclo virtuoso dentro e fora de campo, poderíamos até partir do pressuposto de que tudo caminhava bem. No entanto, estamos falando de um clube que havia tido toda a diretoria destituída havia menos de dois anos e tinha sido rebaixado havia menos de um mês.

Se "sempre foi  assim", isso é mais uma prova que deveríamos, de fato, mudar.

Mas que ninguém se engane. Promover mudanças, mesmo as necessárias, traz desgastes.

Aqui cabe um pequeno parêntese sobre a estrutura do Bahia para que eu possa dar o exemplo que melhor demonstra os desgastes provenientes das mudanças que precisaram ser promovidas. Com a destituição de toda a diretoria e dos conselhos do Esporte Clube Bahia, a Justiça nomeou um interventor judicial. O interventor, ouvindo alguns sócios e grupos políticos do clube, antes mesmo de convocar eleições, promoveu uma assembleia geral, na qual propôs mudanças estatutárias para modernizar a gestão e permitir uma ampla participação dos sócios na vida política da instituição.

O fato era que se uma eleição fosse realizada sem a mudança estatutária, dificilmente haveria sócios suficientes para a inscrição de duas chapas para concorrer ao conselho deliberativo, o que tiraria um pouco da legitimidade e da democracia que se pretendia instalar no clube naquele momento.

Uma das mudanças mais relevantes que o estatuto adotou foi a redução de cargos eletivos de diretoria para apenas dois: um presidente e um vice-presidente. Não haveria superintendentes nomeados ou vice-presidentes temáticos. A partir daquele momento, o Bahia passaria a ter apenas dois dirigentes estatutários. E mais: esses dirigentes deveriam ter dedicação exclusiva ao clube e ser remunerados por seu trabalho.

Finalizado esse breve parêntese, será mais fácil entender o desgaste com a mudança conceitual que precisávamos promover.

Por mais que não houvesse mais membros abnegados na gestão eleita do Bahia, o Coordenador Médico, Dr. Marcos Lopes, gabaritado profissional com décadas de casa, prestava serviços gratuitamente ao clube.

Todos os profissionais do departamento médico do clube eram subordinados a esse profissional. Só que ele não tinha carga horária fixa no Bahia, não era remunerado pelo seu serviço; e isso colocou a nova diretoria executiva (presidente e vice-presidente) numa situação extremamente delicada.

Lembro-me bem quando o presidente Marcelo Sant'Ana, na minha presença, chamou Dr. Marcos à sua sala para explicar que, no novo momento do Esporte Clube Bahia, não cabia mais uma liderança de departamento ser exercida por um profissional abnegado. Isso colocava a diretoria numa situação desconfortável até para cobrar resultados: afinal, como exigir algo de alguém que trabalha de graça e apenas quando suas possibilidades permitem?

Dr. Marcos é um profissional renomado, tem suas atividades externas ao clube e não poderia assumir o compromisso que se demandava, para ser, de fato e de direito, o Coordenador Médico que a diretoria do clube entendia que precisava naquele momento.

Houve desgastes pessoais e políticos com essa decisão. Contudo, acredito que, hoje, com o passar do tempo, qualquer eventual mágoa por parte desse profissional foi compreendida. Um sujeito com inúmeros serviços prestados ao clube, certamente já terá entendido que era o momento de uma mudança estrutural que não poderia comportar exceções, mesmo para um profissional do seu gabarito.

## PESSOAS CERTAS NOS LUGARES CERTOS

O freio de arrumação necessário para transformação de um clube de futebol passa, necessariamente, pela estruturação organizacional.

No tangente à gestão administrativo/financeira, podemos dizer que existem duas frentes principais: o controle de despesas e a ampliação de receitas. De saída, é preciso pôr ordem na casa. Estabelecer um organograma funcional, com profissionais técnicos nos cargos de liderança, bem como ter um plano de cargos e salários que estabeleça uma remuneração conforme a realidade de mercado.

Infelizmente, no futebol, não se respeita o mercado. Parece que o dinheiro do clube é de "ninguém". As torneiras são mantidas abertas e, dessa forma, os recursos vão escorrendo pelo ralo sem nenhum cuidado. Assim, é muito comum que clubes de futebol tenham gerentes, coordenadores e analistas com salários muito superiores às demais áreas do mercado. E sem qualquer justificativa para isso.

Outra coisa que costuma acontecer é a falta de critério para contratações em clubes de futebol. E aqui sequer estou me referindo à contratação de atletas ou de treinadores, mas de todos os demais cargos do clube.

Muitos clubes têm bastidores políticos altamente relevantes. Há, portanto, influências pessoais que interferem indevidamente na definição dos quadros da instituição. Há funcionários que são apadrinhados por conselheiros ou por pessoas que tenham alguma relevância social e, consequentemente, possuem acesso aos processos decisórios do clube.

Para haver profissionalização real, a política tem que passar longe da gestão. Veja, não há aqui uma demonização da política. Os humanos são, naturalmente, seres políticos. E mais, são os políticos dos clubes que devem estabelecer os objetivos gerais e estratégicos. São os conselheiros e os dirigentes estatutários as partes legítimas para pensar o clube estrategicamente.

No entanto, para desenvolver o trabalho, para tocar o dia a dia, é imperativo que existam profissionais técnicos, qualificados, de mercado, que se dediquem exclusivamente ao trabalho no clube e sejam devidamente remunerados pelo serviço que prestam.

E aí começam os problemas.

A definição desses profissionais de alta patente na cadeia hierárquica do clube deve se dar por meio de critérios técnicos de seleção e não pelo famoso QI (o "quem indica").

Por outro lado, se houver profissionais igualmente qualificados, é natural que os gestores políticos optem por alguém que já conheçam ou confiem. Há funções de alta relevância nas quais é lógico buscar ter um profissional de confiança, desde que seja qualificado para o papel.

No entanto, é preciso ponderar, também, que para mudar o cenário, é preciso mudar as práticas. Isso me recorda uma frase que escutei muito na Faculdade de Direito da Universidade Federal da Bahia: *"À mulher de César não basta ser honesta. Tem que parecer honesta".*

Essa frase sintetiza o pensamento de Júlio César num episódio ocorrido com Pompeia, sua segunda esposa. Num evento que ela realizou em homenagem à *Bona Dea* (Boa Deusa), que deveria ser exclusivo para mulheres, um homem — um jovem patrício chamado Públio — entrou de penetra, disfarçado de mulher, supostamente com o intuito de seduzir a esposa do pontífice máximo. O sujeito foi pego e processado. No entanto, devido à falta de evidências, o "penetra" foi inocentado. Isso não foi suficiente, contudo, para salvar o casamento de Júlio César e Pompeia. César se divorciou alegando que **sua esposa não deveria sequer estar sob suspeita.**

E o que essa breve digressão à antiga Roma nos ensina, apesar da decisão, aparentemente, bastante radical de César?

No futebol brasileiro, um ambiente associativo e tradicionalmente cheio de vícios políticos, **convém promover mudanças que não apenas ocasionem uma profissionalização, mas que, além disso, façam transparecer a mudança.**

Foi com esse raciocínio que, uma vez eleita, em dezembro de 2014, a nova diretoria executiva do Bahia definiu que era necessária uma reformulação do clube, com a criação de um comitê diretor enxuto, formado por profissionais de mercado, com o presidente e o vice-presidente. Esses dois últimos, relembre-se, já eram profissionais que deveriam ter dedicação exclusiva ao clube, fazendo jus a uma remuneração — em mudança pioneira no futebol brasileiro, como já dito anteriormente.

Eis, então, que se iniciou a busca pela formação de uma diretoria qualificada que seria seguida de uma avaliação dos profissionais que já se encontravam empregados, para analisar se eles tinham as qualificações necessárias e se suas remunerações estavam condizentes com as praticadas no mercado.

No novo modelo estrutural do clube, definiu-se que haveria apenas três diretorias: a Diretoria Executiva, que estaria responsável por todas as questões administrativas, financeiras e patrimoniais; A Diretoria de Mercado, que englobaria *marketing*, comercial, comunicação e relação com sócios; e, por fim, a Diretoria de Futebol, que tocaria as questões relativas ao futebol profissional e de base. Em paralelo a esses executivos que viriam do mercado, a diretoria teria assessorias importantes: a jurídica e a ouvidoria.

Seguindo essas premissas, fomos ao mercado e realizamos a primeira contratação para o corpo diretivo: Marcelo Barros para Diretoria Executiva. Afirmo, sem medo de errar, que Barros foi um dos melhores — se não o melhor — executivo com quem tive a oportunidade de trabalhar.

Com carreira majoritária na iniciativa privada, embora tenha sido secretário de administração do governo do estado nos anos 1990, Barros nunca havia tido qualquer participação na vida política de um clube de futebol. No entanto, sua reputação falava por si só. Não era qualquer um que seria gestor da maior rede de ensino superior privada do estado da Bahia e que a venderia para um conglomerado internacional anos depois.

No momento de crise em que se encontrava o Esporte Clube Bahia, a presença de Marcelo Barros e sua experiência foram fundamentais, especialmente no início do trabalho, pois ele emprestou algo que o clube não possuía: CREDIBILIDADE.

Eu sempre fui uma pessoa muito organizada em minha vida pessoal e profissional. Não admito ficar inadimplente, até porque odeio ser cobrado.

Só que quando iniciamos o trabalho no Bahia, logo após o rebaixamento do clube para a Série B, a realidade, costumo dizer, era que o clube só devia a duas pessoas: Deus e o mundo. O telefone só tocava para chegada de novas cobranças.

E por mais que eu ou o presidente tentássemos negociar, o que escutávamos em resposta, normalmente, era que já haviam passado nos últimos anos diversos dirigentes pelo clube e nenhum cumpriu sua palavra — por que, então, o credor deveria confiar que conosco seria diferente?

Depois de muitas conversas, exposições, negociações e do empréstimo de credibilidade dos gestores executivos que contratamos, conseguimos promover uma série de reestruturações e renegociações dentro do clube.

Qual não foi minha surpresa ao perceber que tão rápido quanto escutávamos críticas, o mercado surpreendia-se com meros cumprimentos de obrigações assumidas! Foi assim que descobri que fazer o básico já era um diferencial no futebol. Questões óbvias como só contratar o que pode pagar e só se comprometer com o que sabe que poderá entregar são coisas de outro mundo na gestão esportiva. E quando, após os primeiros meses, os *stakeholders* perceberam que a nova diretoria do Bahia ia por esse caminho, o mercado começou a falar "[...] parece que os meninos que assumiram o Bahia são diferentes dessa vez".

*Meninos...* Eu fui eleito vice-presidente do Bahia com 29 anos de idade, já o presidente Marcelo Sant'Ana estava com 33 anos de idade recém-completos. Por vezes, isso era visto com admiração, contudo, em outras circunstâncias, foi utilizado como fundamento de ataques bastante duros... mas chegaremos lá, no devido tempo.

Na montagem do nosso time, era fundamental ter um profissional que entendesse bem do mercado do futebol no tangente às questões de *marketing*, comercial e, especialmente, ao quadro de sócios.

Tínhamos o entendimento de que os clubes, no Brasil, quase todos no formato de associação, precisavam crescer financeiramente, e uma das melhores formas de ampliar as receitas seria com monetização do nosso torcedor através de sua atração para o quadro associativo.

Há diversas pesquisas que mensuram o tamanho de uma torcida, e, escolhendo uma mais modesta, tínhamos o número de mais de 3,5 milhões de pessoas que torceriam pelo Esporte Clube Bahia. Se convertêssemos 2%

desses torcedores em sócios, atingiríamos um número de 70 mil associados. Na nossa eleição, menos de quatro mil sócios votaram. Estaríamos falando, potencialmente, de um crescimento de receita anual dessa rubrica na casa dos 1.750%.

Para essa missão, precisaríamos de alguém que já tivesse realizado entregas importantes nesse mercado. Foi aí que descobrimos que um dos profissionais mais premiados do *marketing* esportivo brasileiro, Jorge Avancini, diretor do Internacional de Porto Alegre, estava desgastado no clube gaúcho e, após as eleições que também tinham ocorrido nos pampas, existia a possibilidade dele deixar aquele emprego.

A diretoria do Bahia tinha um entendimento muito claro das nossas capacidades de investimento: evidentemente, não poderíamos contratar os melhores jogadores do país. Seus salários seriam proibitivos. Porém poderíamos, sim, investir em áreas executivas e também em cargos que entendêssemos relevantes tecnicamente — como preparação de goleiros, preparação física, treinadores das categorias de base — que, a longo prazo, poderiam fazer com que o clube evoluísse seu patamar, além de serem capazes de extrair mais dos "insumos" que já tínhamos à nossa disposição.

Foi com essa lógica que trouxemos Marcelo Barros e Jorge Avancini. Dois grandes profissionais que entregaram resultados importantes ao clube. Barros teve uma adaptação mais fácil, talvez por ser baiano e torcedor do Bahia. Avancini veio de uma cultura muito diferente, tem um estilo de trabalho mais rígido e não tão usual na Bahia. Por conta disso, encontrou algumas resistências, mas é inegável que, ao longo de seus três anos de trabalho no Bahia, entregou resultados importantes e, mais relevante, criou as bases para o crescimento exponencial que veio na sequência.

Basta dizer que, ainda em 2015, o Bahia sequer era dono do CRM relativo aos seus sócios. O CRM (*Customer Relationship Management*) se refere ao conjunto de práticas, estratégias de negócio e tecnologias focadas no relacionamento com o cliente, mas, para efeitos práticos aqui, é como normalmente os profissionais do meio do futebol se referem às informações que possuem sobre os seus clientes. No caso do Bahia, o quadro de associados era gerido por uma empresa terceirizada que se tornou proprietária de todos os dados dos sócios-torcedores. Na prática, isso dificultava sobremaneira o estudo das informações para gerar soluções que ocasionassem incremento no quadro social e gerassem outras formas de monetização com o nosso torcedor.

Além disso, da mesma forma que ocorreu com Marcelo Barros, foi com o empréstimo da credibilidade e o *networking* de Avancini que conseguimos atrair e melhorar nossas relações com novos parceiros comerciais, fazendo crescer, por exemplo, nosso número de patrocinadores.

Para finalizar a composição da diretoria, faltava aquele profissional que mais teria destaque, ao menos aos olhos da imprensa e da torcida: o Diretor de Futebol. Para o cargo foi contratado Alexandre Faria, que havia feito um bom trabalho no América-MG. Convém destacar que, naquele período, o futebol mineiro vinha tendo um importante protagonismo no Brasil, especialmente por conta dos resultados de Cruzeiro e Atlético.

Diante das informações que colhemos no mercado, entendemos que Alexandre seria uma pessoa importante para auxiliar na reformulação completa não apenas de um elenco que havia sido rebaixado, mas também na criação de uma nova identidade para o Bahia. O time em campo precisava, além de resultados esportivos, representar o torcedor e lhe dar orgulho.

Isso também foi fundamental na escolha do treinador, pois entendemos, naquela oportunidade, que era momento de modificar o modelo de jogo do Bahia, que vinha estabelecendo uma escola altamente reativa, a qual ia de encontro aos melhores momentos de sua história e gerava um grande desconforto na torcida.

Por isso escolhemos Sérgio Soares como treinador. Um grande profissional, que gosta de um jogo propositivo e que havia feito excelente trabalho no Ceará.

Esses, talvez, tenham sido os cargos mais relevantes que foram ocupados no início da gestão.

Tão importante quanto trazer as pessoas que entendemos serem as corretas para os cargos específicos, era avaliar o que já tínhamos em termos de equipe e, eventualmente, fazer os desligamentos que fossem necessários. E foi preciso fazer alguns.

Quando isso aconteceu, mexemos com uma série de situações que ocasionaram grande desconforto, como a demissão de funcionários com muitos anos de casa. Muitos deles eram profissionais que ajudaram alguns torcedores e conselheiros em determinadas ocasiões, mas que, eventualmente, não tinham a qualificação necessária para permanecerem no clube. Também havia outros que recebiam valores fora da realidade do mercado. Alguns até mesmo apresentavam esses dois fatores em conjunto.

Ao longo desse processo inicial, aprendi com o diretor Marcelo Barros uma lição importante sobre a forma de condução de um processo de mudanças: *o mal se faz de uma só vez; o bem se faz aos poucos.*

Grande ensinamento. Prolongar excessivamente o período de avaliação do quadro funcional com a realização de demissões paulatinas tornaria o ambiente extremamente inseguro e desconfortável para o desenvolvimento do trabalho. Assim, promovemos todos os desligamentos que entendíamos imprescindíveis dentro do primeiro mês de gestão e transmitimos a segurança para aqueles que permaneceram de que haveria estabilidade e melhoria nas condições de trabalho.

Por mais que haja convicção sobre o acerto dessas decisões iniciais, é preciso compreender que todo movimento de quebra de paradigma gera desgastes. Por isso, não se enganem: profissionalizar a gestão de um clube de futebol não é nada menor do que dar início a uma REVOLUÇÃO.

## METAS, MÉTRICAS E PROCESSOS

O dia a dia do futebol é uma máquina em funcionamento constante. Cada funcionário faz o papel que está acostumado e, assim, as engrenagens continuam girando tal como sempre giraram.

Um trecho do filme *Tempos Modernos*[1] poderia ser o resumo do parágrafo anterior e, também, do que justificaria uma frase que já analisamos anteriormente: "Sempre foi assim".

Vimos que mudanças com as chegadas e as saídas de pessoas que seriam importantes para fazer funcionar o novo modelo que propúnhamos eram medidas imprescindíveis, mas isso, por si só, não seria o suficiente para transformar as coisas no clube.

Parece um discurso um tanto óbvio para um gestor, mas, como dito, às vezes, coisas evidentes são novidades no mundo do futebol! Então, vamos ao básico: todo profissional tem que trabalhar com metas, que tenham métricas de avaliação, e deve ser cobrado por elas.

Não se preocupe, não há pretensões acadêmicas neste livro, de modo que não vamos voltar para os primeiros semestres do curso de Administração. Apesar de minha formação ser na área jurídica, cheguei a cursar ADM, além de ter participado de alguns programas bem interessantes do Sebrae, como o Desafio Sebrae e o Empretec.

---

[1] Filme dirigido por Charles Chaplin. Produção de Charlie Chaplin Productions. Estados Unidos: United Artists, 1936.

Quem tem um pouco de curiosidade sobre "metas" logo descobre que elas devem ser "SMART": S (específicas), M (mensuráveis), A (atingíveis), R (relevantes) e T (temporais).

Faço, neste momento, um breve parêntese para falar de técnicas mnemônicas, que são mecanismos para decorar informações. Transformação de palavras em siglas, a fim de facilitar sua memorização, é algo muito usual. Chamar Banco do Brasil de BB ou Supremo Tribunal Federal de STF. Essas siglas são acrônimos. E as metas *SMART* (que significa "esperto" em inglês) são uma boa forma de estabelecer um planejamento eficiente.

Não é só dizer: "Quero aumentar as receitas da loja do clube". Seria, depois de um estudo do mercado, estabelecer, por exemplo, a meta: "Em 12 meses, devemos aumentar o faturamento da loja em 60%". Perceba que, dessa forma, há critérios objetivos para averiguar se o trabalho desenvolvido para alcançar a meta está sendo feito de forma satisfatória.

Além disso, outro acrônimo relevante na administração é o processo PDCA — *Plan* (planejar), *Do* (executar), *Check* (verificar) e *Act* (agir).

Digamos, então, que estabelecemos a meta de aumentar o faturamento da loja que o clube possui dentro do estádio em 60% no intervalo de um ano. Ao estabelecer metas *"SMART"*, nós conseguimos promover também o processo PDCA em sua inteireza. Estabelece-se o planejamento para atingir o objetivo, com planos de ação e com as devidas métricas para avaliação da *performance* da atividade ao longo do tempo. Com isso, cumprimos a primeira etapa.

Finalizado o planejamento (*"plan"*), inicia-se a fase seguinte: põe-se em prática o que foi estabelecido em busca dos resultados pretendidos. Essa é a execução (*"do"*) do projeto quando se busca implementar todas as ideias desenvolvidas para alcançar as metas.

À medida que o tempo passa, somos capazes de acompanhar o desenvolvimento do trabalho. Para alcançar o incremento de 60% em um ano é imperativo, por exemplo, que haja um crescimento mensal consistente. Para que isso ocorra, haveria um estudo realizado pelo departamento comercial a fim de definir os números exatos a serem alcançados. Esse departamento iria, naturalmente, conversar com o pessoal do *marketing* e, juntos, desenvolveriam ações que impactassem positivamente nesse objetivo.

Periodicamente, ao longo do ano, o diretor da área deve fazer avaliação (*"check"*) do desenvolvimento das atividades para ver se tudo corre conforme o planejado. A depender das respostas obtidas nessa análise virá a ação ("*act*"): se os resultados estiverem abaixo do planejado será preciso chamar a equipe para entender os motivos disso. Pode ser necessário reestabelecer o plano inicial, buscar novas soluções e, também, analisar individualmente a *performance* de cada um dos responsáveis pelas entregas. Por outro lado, se os resultados estiverem dentro ou acima do esperado, é possível também revisar o plano, pois poderá ter sido estabelecida uma meta modesta para as capacidades da equipe. Boas metas sempre precisam ser desafiadoras. Isso motiva o trabalho e traz melhores resultados.

É preciso dizer, contudo, que quem nunca foi cobrado — como, infelizmente, ocorria, muitas vezes, dentro de clubes de futebol — não vai gostar dessa nova rotina. Enfrentar eventual resistência é parte do processo de mudança estrutural e cultural que se visa estabelecer quando se busca profissionalizar um ambiente.

## LIÇÃO NÚMERO 2

# A CULTURA COME O PLANEJAMENTO NO CAFÉ DA MANHÃ.

Quando se fala em grandes empresas e corporações multinacionais, fatalmente, se escuta uma palavra que denota uma organização e visão de longo prazo: planejamento estratégico.

Não tenho pretensão de desenvolver o conceito acadêmico de "planejamento estratégico". Contudo, é certo que através dele se coloca no papel aquilo que se quer construir numa organização, estabelecendo premissas fundamentais (missão, visão, valores...) para atingir os macro objetivos estabelecidos.

E como isso se aplica aos clubes de futebol?

Bem... normalmente não se aplica! São poucos os clubes que possuem um planejamento estratégico. Tenho a impressão, inclusive, que alguns que o tem são *pro forma* ou, em bom português, "para inglês ver".

É mesmo um tanto complicado estabelecer um planejamento estratégico em um clube de futebol, afinal, como vamos falar em "longo prazo" quando as lideranças da gestão têm mandatos normalmente curtos? É difícil implementar um projeto de longo prazo quando não se tem garantias de que a filosofia de trabalho do clube será consistente no decorrer do tempo, mesmo passando por eventuais mudanças de comando.

Quando um gestor chega num clube com a missão de reformular as estruturas e implementar um modelo de gestão profissional, ele tende a vir com um novo organograma, com um planejamento estratégico, com planos de ação...

Nada disso vai funcionar, entretanto, se não houver mudança de cultura! Antes de falar em qualquer mudança radical promovida pela implementação de um plano estratégico, é imperativo conseguir alterar a cultura da instituição! A questão é: como se faz isso?

Uma empresa é reeducada da mesma forma que se faz com a família: com presença e com exemplo.

Sintetizemos, genericamente, a situação estrutural e organizacional da maioria dos clubes do Brasil: são associações sem fins lucrativos e que tem seus gestores máximos eleitos para mandatos curtos, não sendo remunerados pelo seu trabalho e não tendo dedicação exclusiva ao seu cargo no clube.

Registro que aqui estamos fazendo uma **generalização**. Naturalmente, cada clube terá uma ou outra peculiaridade. Haverá variação de número de vice-presidentes, superintendentes ou outros cargos, mas o certo é que costuma haver uma quantidade de pessoas nomeadas politicamente (dirigentes abnegados) que intervêm no dia a dia do clube sem necessariamente, contudo, viver a rotina diária da instituição, até por uma questão de sobrevivência, uma vez que precisam trabalhar em outras atividades para ter remuneração.

Nesse cenário, surge um vácuo de referência e liderança no seio de inúmeros clubes de futebol, nos mais variados departamentos. É muito comum ouvir que expedientes em vários times só começam a ter produtividade no fim da tarde, quando os dirigentes estatutários chegam de suas outras atividades laborais para acompanhar e fazer andar as demandas do clube.

A essa altura, cabe um parêntese relevante: embora muitos clubes funcionem aparentemente por inércia — a engrenagem já está girando e a ausência física de um líder, em tese, não vai fazê-la parar de rodar — é altamente ingênuo acreditar na implementação de mudanças relevantes sem que uma liderança acompanhe de perto a operacionalização das estratégias definidas.

Não dá para mudar cultura sem presença, cobrança e exemplo.

No entanto, existem remédios para essa celeuma específica. Alguns clubes, como o Bahia, Fortaleza e o São Paulo, tentaram resolver a questão da presença através da remuneração de dirigentes estatutários. Outros clubes, como o Grêmio e Palmeiras, buscaram um profissional executivo para conduzir o dia a dia da instituição. Eis que, com isso, surge a figura do CEO (*chief executive officer*) dentro de algumas estruturas do futebol brasileiro.

Tanto uma solução (dirigentes estatutários remunerados) como outra (CEO) podem resolver o problema do clube. Até mesmo as duas podem ser combinadas. O segredo está em buscar um modelo de trabalho que azeite as engrenagens de cada clube, respeitando sua cultura e suas peculiaridades. Muitas vezes, os dirigentes estatutários e executivos podem ser complementares.

Mas e essa história de CEO em futebol... como é isso mesmo?

CEO (*chief executive officer*) é, normalmente, a pessoa de mais alta patente na estrutura operacional de uma organização e responde apenas ao conselho gestor que lhe alimenta com as diretrizes estratégicas e metas a serem batidas. No futebol, esse profissional basicamente responderá ao presidente (ou ao conselho de gestão), mas vai administrar o dia a dia de todas as áreas do clube. Abaixo dele, podem existir outros executivos como o CFO (de finanças), o CMO (de *marketing*) etc.

Quanto a essa interação entre gestores políticos e técnicos, é importante destacar um elemento que pode colocá-los em rota de colisão. Por mais competentes e dedicados que sejam, normalmente, os dirigentes estatutários do futebol são torcedores. E torcedores, por vezes, tem um viés passional, estando mais sujeitos a viver com maior intensidade a pressão para promover mudanças em momentos de turbulência do time. O dirigente que é o herói numa quarta-feira pode ser o vilão no domingo. Espera-se que um diretor executivo (CEO, CFO ou qualquer outro profissional técnico) tenha frieza e racionalidade maiores para defender a manutenção das políticas estratégicas estabelecidas pelo clube.

Eis o ingrediente para um conflito. E a gestão desses conflitos, com contrapontos de posições que têm, cada uma delas, justificativas defensáveis, é algo que precisa ser conduzido com muita sabedoria e equilíbrio.

Outro ponto que precisa ser sublinhado é que a defesa pela manutenção de determinadas políticas estratégicas do clube não significa "teimosia" ou "insistência em ações que não estão produzindo resultados". Faz parte do trabalho do gestor, além de planejar e executar, acompanhar os resultados produzidos, para, sendo necessário, promover alterações a fim de aumentar a eficiência do clube (PDCA, como vimos anteriormente).

O exemplo mais comum que se pode imaginar seria a demissão de um treinador.

Numa discussão entre gestores estatutários e executivos, o que entra na pauta no momento de tomada de uma decisão como essa?

Naturalmente, os gestores políticos e o diretor de futebol irão se debruçar sobre a *performance* do time, a qualidade do treinamento, o aproveitamento do elenco e as perspectivas de melhora. Um executivo de finanças avaliaria o impacto de uma rescisão contratual (que normalmente não é apenas do treinador, mas de toda sua equipe de auxiliares — preparador físico e auxiliar técnico, no mínimo). Além disso, também seria necessário especular: haveria substituto que poderia se ater ao modelo de jogo pensado no início da temporada? Ele se adaptaria ao elenco montado? Há necessidade e possibilidade de reformulação do elenco?

Olha quantas perguntas surgem numa situação como essa! Não é o caso de simplesmente entrar no vestiário e demitir o treinador após uma derrota acachapante num clássico, não é mesmo?

Tudo isso precisa ser ponderado. No fim do dia, contudo, a decisão a ser tomada compete ao presidente (ou do conselho gestor, a depender da estrutura definida no estatuto do clube). Cabe aos executivos munirem o decisor de todas as informações e circunstâncias existentes.

Não existe, no futebol, fórmula para tomar a decisão correta, o que o gestor precisa fazer é, diante do cenário que lhe é apresentado, tomar decisões focado no binômio "diminuir riscos" e "maximizar resultados".

Falamos, genericamente, do exemplo "decisão sobre demissão de treinador". Vamos agora avaliar duas situações práticas.

No Campeonato Brasileiro de 2020, o Grêmio Foot-Ball Porto Alegrense teve um início cambaleante. Houve muitas críticas e vários questionamentos ao trabalho de Renato Portaluppi — ou Renato Gaúcho — que foi o treinador do clube por muitos anos (feito altamente incomum no Brasil). Na maioria dos clubes, se o treinador passar um ou dois meses com baixos resultados e *performance*, a possibilidade de demissão é enorme.

Matérias de jornais, em setembro de 2020, enumeravam os motivos para destrinchar a grave crise pela qual o Grêmio passava, mencionando a troca de executivo do futebol, o fato de ter tido atletas expulsos em quatro jogos seguidos e até mesmo uma provocação do atleta Tiago Neves, o qual teve seu contrato rescindido pela diretoria no decorrer do ano.

Torcedores protestavam nas redes sociais (a pandemia afastou públicos das arenas em 2020), mas também o fizeram com uso de cartazes em frente ao estádio. A direção do Grêmio foi na contramão do que normalmente se espera e manteve seu comandante. Semanas depois, o time passou a jogar um futebol melhor, cresceu na competição, entrou no "G6" do Brasileiro e ainda se manteve vivo até as quartas de final da Libertadores da América, onde foi eliminado pelo Santos, e ainda chegou até a final da Copa do Brasil. Tudo isso ocorreu sem ter tido uma "semana cheia" de trabalho desde o retorno da pandemia até quase a reta final das competições. É bom frisar que "semana cheia" é um período de, ao menos, cinco dias sem jogos para poder desenvolver melhor os conceitos em treinamentos, além de melhorar a recuperação física dos atletas.

Então o certo é sempre manter o treinador? Não foi isso o que eu disse. Apenas dei um exemplo. Manutenção de treinador é um princípio importante para o futebol e amplamente aplicado no exterior. No Brasil, é uma cultura rara e difícil de implementar. Por outro lado, "segurar" o treinador não pode ser um fim em si mesmo. Cada decisão deve ser baseada caso a caso.

Esse mesmo Grêmio acabou demitindo Renato Gaúcho no início de 2021, ainda antes do início do Campeonato Brasileiro e terminou por ser, surpreendentemente, rebaixado ao fim da temporada. O próprio presidente do clube gaúcho, Romildo Bolzan, declarou, em entrevista ao canal SporTV, em 23 de novembro de 2021, que uma das causas das suas dificuldades, naquela oportunidade, era a transição de elenco e um conjunto de demandas internas que eram comandadas por Renato, e até elas se reacomodarem, após sua saída, demoraria um tempo.

Vejamos o exemplo de outro treinador gaúcho, Roger Machado, no Esporte Clube Bahia. O profissional chegou em 2 de abril de 2019, herdando um time já nas finais do campeonato estadual, no qual se sagrou campeão. Nos primeiros meses, conseguiu um encaixe que proporcionou uma grande arrancada do time no Campeonato Brasileiro e avançou até as quartas de final da Copa do Brasil.

No entanto, após esse início empolgante e promissor, por uma conjunção de fatores que, muitas vezes, não se compreende, o rendimento do time caiu. Poderá ter sido pela perda de um atleta titular, pela leitura que os adversários fizeram do modelo de jogo proposto, ou até mesmo pela queda de rendimento de jogadores importantes. O fato é que o time caiu de produção dentro de campo e na tabela, fazendo um segundo turno pífio, o que só não fez o Bahia correr risco de rebaixamento devido à grande *performance* na primeira metade da competição.

Dentro desse recorte de finalização do campeonato, a diretoria do Bahia deveria optar ou não pela manutenção de Roger Machado e sua equipe para a temporada seguinte. O que deveria pesar mais? Os três primeiros meses encantadores ou os últimos seis assustadores? Considerando também outros elementos — como qualidade e experiência da equipe técnica, relação com atletas, possibilidade de montagem do elenco na nova temporada com mudança do estilo de jogo —, a diretoria do Bahia resolveu manter o profissional, apesar de um ou outro questionamento, tanto externo quanto interno.

Só que, no início da temporada de 2020, as *performances* continuaram abaixo do que se esperava; e o Bahia, ainda no início de fevereiro, foi eliminado, de forma bastante decepcionante, pelo River do Piauí na primeira fase da Copa do Brasil. Não bastasse isso, o time perdeu no jogo seguinte, o clássico BaVi, no qual se mantinha invicto havia alguns anos.

A pressão sobre a diretoria aumentou, mas o treinador, novamente, foi mantido. O Clube avançou para as finais da Copa do Nordeste, que, por conta da pandemia do coronavírus, teve todos os jogos finais disputados em Salvador, sua cidade. Mesmo assim, a equipe sofreu duas derrotas inapeláveis para o Ceará que se sagrou campeão.

A baixa produtividade da equipe, mesmo com reforços de nome no mercado nacional, como o meia Rodriguinho (ex-Cruzeiro e Corinthians), Rossi (ex-Vasco) e Clayson (ex-Corinthians) — só para falar de jogadores do setor ofensivo —, fez com que os questionamentos sobre Roger aumentassem cada vez mais. Nem mesmo o título baiano ocorrido na mesma semana na derrota para o Ceará foi suficiente para amenizar a situação.

Ainda assim, a diretoria resolveu manter o treinador por mais algumas rodadas do Campeonato Brasileiro, quando, finalmente, após uma goleada para o Flamengo, demitiu o técnico ainda nos vestiários.

Como dito: não há fórmula mágica. Em determinadas circunstâncias, decisões iguais podem trazer resultados completamente diferentes.

## CLUBE-EMPRESA – A salvação do futebol brasileiro?

Nos últimos anos, foi iniciada uma discussão sobre os clubes transformarem-se em empresas no Brasil. Ouvimos tanto sobre o tema que isso mais parece um mantra: "O clube-empresa é a salvação para o futebol brasileiro!" Será? O principal argumento que se utiliza para justificar essa tese é o da necessidade de profissionalização do futebol.

A justificativa apresentada — profissionalizar a gestão — é mais do que necessária. Mas a pegadinha é que a profissionalização não mantém qualquer relação de dependência com a natureza jurídica que o clube vai adotar. Pouco importa se é uma associação sem fins lucrativos ou uma "sociedade empresária". O relevante para a avaliação do profissionalismo da gestão são as práticas estabelecidas.

Há associações com proceder completamente amador, além de práticas de má gestão no aspecto moral. Mas esse mesmo cenário é encontrado em empresas, desde pequenas, empresas individuais de responsabilidade limitada (EIRELI), passando por "LTDAs." familiares e chegando até as grandes "sociedades anônimas". Lembremos que a Operação Lava Jato, o maior escândalo político e financeiro do Brasil, teve como protagonistas grandes corporações que adotam o modelo empresarial. Aliás, de forma reflexa, esse escândalo específico atingiu o Esporte Clube Bahia. No próximo capítulo abordaremos essa questão.

Esse esclarecimento prévio era fundamental, pois muda toda a premissa da análise a ser feita: **a salvação do futebol brasileiro não é mudança de forma jurídica, mas sim a profissionalização de sua gestão**. A definição desse pressuposto, entretanto, não diminui a importância da avaliação das vantagens e desvantagens de cada modelo jurídico adotável pelos nossos clubes.

A grande maioria dos clubes do futebol brasileiro são associações civis sem fins lucrativos. Existem alguns poucos que adotam o modelo de clube-empresa, sejam limitadas ou sociedades anônimas. Apenas para efeito ilustrativo, na Série A do Campeonato Brasileiro de 2020, 90% dos clubes são associações. Apenas o Red Bull Bragantino e Cuiabá são "clubes-empresa".

As associações, formato mais tradicional, trazem um modelo político aos clubes que tem, como já explicado anteriormente, quatro instâncias de poder: diretoria executiva, conselho deliberativo, conselho fiscal e assembleia geral. Cada clube tem sua particularidade nas atribuições de competências de cada um desses órgãos conforme as definições do seu estatuto, mas o certo é que os membros dos conselhos e da diretoria ocupam seus cargos por mandatos. Outro ponto relevante é que, na maior parte dos clubes, os membros estatutários da diretoria executiva não são remunerados.

E qual é a justificativa para a maioria dos clubes serem associações? Em primeiro lugar, a tradição. Muitas dessas instituições começaram como clubes sociais. Em verdade, há clubes que até hoje possuem sedes sociais como alternativa de lazer para seus associados.

Além disso, há uma questão fundamental de impacto direto na gestão: vantagens fiscais! Os clubes de futebol que adotam o modelo associativo gozam de uma série de benefícios fiscais. São, por exemplo, isentos do pagamento de Imposto de Renda e Contribuição Social sobre o Lucro Líquido (Lei n.º 9532/97) e tem um PIS diferenciado, além de isenção do Cofins (MP 2158-35/2001).

Esses benefícios são fundamentais para a viabilidade financeira dos clubes num país com uma das cargas tributárias mais elevadas do mundo como é o nosso.

Havia um argumento forte para defender que o modelo associativo impunha um amadorismo à gestão do futebol! É que a legislação estabelecia a proibição de remuneração a dirigentes das associações, sob pena de perda dos benefícios fiscais.

Felizmente, contudo, essa realidade alterou-se com o advento da Lei n.º 12.868/2013 e, posteriormente, da 13.151/2015, que determinaram a possibilidade de remuneração dos diretores estatutários dos clubes.

Amparados nessa alteração legislativa, alguns clubes iniciaram o processo de remuneração dos seus dirigentes eleitos sem correr o risco de sofrer impacto financeiro/fiscal que poderia, na visão de muitos, inviabilizar o desenvolvimento das suas atividades.

É preciso esclarecer, por outro lado, que a mera remuneração de dirigentes não traz como consequência a profissionalização da gestão. Isso só virá com a implementação de uma cultura baseada em processos por meio dos quais se viabilize a elaboração e execução de um planejamento para a instituição. Além disso, é necessária a designação de profissionais competentes e capacitados para o desenvolvimento de determinadas atividades.

Não se pode, por exemplo, remunerar conselheiros por conta de serviços para os quais não estão qualificados a prestar, nem tampouco pagar por isso valores fora da realidade do mercado e, ainda, ter a cara de pau de falar em "profissionalismo" sob o argumento da remuneração.

Diante dos pontos expostos, parece seguro dizer que chegamos ao entendimento de que o "clube-empresa" não é a solução para o futebol brasileiro. A profissionalização da gestão é. Isso não significa dizer, todavia, que o modelo empresarial não possa trazer novidades importantes, ainda mais agora, com a novíssima Lei das Sociedades Anônimas do Futebol (SAF), a qual traz, como principais inovações, uma carga tributária diferenciada para os clubes que migrarem para esse modelo, além de apresentar um interessante regime para pagamento de dívidas em até 10 anos.

Afinal, o "clube-empresa" — ou "sociedade empresária", para sermos fiéis ao juridiquês — tem quais vantagens e desvantagens sobre a associação?

Para compreender melhor isso tudo, parece-me mais didático contrapor os modelos por tópicos de relevância! Vamos a eles!

## I. Profissionalismo

O fato de já existir um arcabouço legislativo extenso — especialmente para as Sociedades Anônimas (S/As) e, agora, com a mais recente Lei de Sociedade Anônima do Futebol — faz com que muitas pessoas entendam que a mera natureza jurídica adotada por "clubes-empresas" faria a gestão já "nascer" mais profissional por conta das normas que seus gestores precisariam respeitar.

Tendo isso em vista, é bom lembrar da célebre frase do pai da administração moderna, Peter Drucker que inspirou a regra que dá título a este capítulo:

## "A cultura come a estratégia no café da manhã"

Essa dura constatação ensina que tanto a forma de trabalhar quanto o cotidiano e os hábitos são muito mais relevantes do que o próprio planejamento estratégico e, então, naturalmente, essa mesma lógica aplica-se ao enquadramento jurídico a que estão submetidas as instituições. São as práticas que definem o profissionalismo, não o fato de ser associação ou empresa.

Se isso é verdade — e é —, mudar o formato jurídico de um clube mostrar-se-ia algo completamente irrelevante, especialmente se não houver um choque cultural na forma de realizar o trabalho, definindo processos e forma de acompanhamento da execução do que tiver sido planejado. Se as coisas ocorrerem sem que essas premissas sejam modificadas, o resultado tenderá a ser o mesmo, seja qual for a natureza jurídica adotada (associação ou empresa).

Um segundo ponto relevante para justificar um maior profissionalismo do modelo empresarial seria a "finalidade lucrativa". Na visão de muita gente, o intuito de rentabilidade, o objetivo de ter resultado financeiro positivo, seria algo que ensejaria um maior profissionalismo na gestão empresarial do que na gestão associativa.

Com todo respeito, esse fator parece-me irrelevante. Dinheiro pode, eventualmente, ser um elemento motivador de pessoas, mas tanto em empresas como em associações os trabalhadores são remunerados. A grande diferença, na esfera macro, é que uma associação tem como principal objetivo o sucesso desportivo. O resultado financeiro é secundário. Os clubes não estão preocupados em ter lucros, até porque não podem distribuí-los.

Num clube-empresa, por sua vez, em paralelo ao resultado esportivo, haverá algum foco no resultado financeiro, pois os acionistas poderão ser remunerados. Isso não garante profissionalismo na gestão, mas, de fato, pode gerar uma revisão de prioridades.

Assim, embora possa ter um impacto interessante, não seria correto dizer que a finalidade lucrativa ocasionaria, como consequência, um maior profissionalismo. Aprofundaremos mais esse tema logo adiante, no tópico no qual abordaremos a possibilidade de captação de investimentos, em que, de fato, entendemos que o formato jurídico pode causar maior impacto.

Por fim, cabe destacar a febre que a Lei de SAF gerou no futebol brasileiro nos últimos meses de 2021. Diversos clubes tradicionais começaram a modificar seus estatutos para possibilitar essa migração de modelo jurídico, e o caso mais impactante ocorreu no Cruzeiro, clube que teve suas ações adquiridas por um grupo representado por Ronaldo Nazário ("o Fenômeno").

Tudo ainda é muito novo para avaliar como se dará esse empreendimento, mas a empolgação com o novo "dono" do clube, num curto espaço de tempo, foi abalada pelo mal-estar decorrente da despedida do goleiro Fábio, ídolo histórico do time azul, que, mesmo se disponibilizando para adequar seus salários e renegociar seus créditos perante o clube, foi informado de que não fazia mais parte dos planos para 2022.

As mesmas pessoas que pediam responsabilidade e profissionalismo criticaram fortemente a nova gestão cruzeirense por dispensar um ídolo histórico. Não posso aqui fazer maiores avaliações sobre essa decisão, posto que não conheço as minúcias da situação, mas, genericamente, é preciso reconhecer que mudanças estruturais, por vezes, passam por rupturas que são dolorosas.

Exercício especulativo: se a nova gestão tiver estabelecido que um goleiro não poderia ter um dos maiores salários do clube, isso seria um grande absurdo? Independentemente das questões técnicas e financeiras ponderadas, é preciso, contudo, ter sensibilidade e tratamento respeitoso; afinal, o atleta jogou mais de 900 partidas pelo clube, e isso fala por si só.

## II. Estabilidade estratégica

Acredita-se que as empresas, via de regra, possuirão uma estabilidade de gestão maior do que as associações, cujas lideranças são alteradas de tempos em tempos, o que ocorre por conta do fim dos mandatos dos representantes eleitos, como já dito e repetido anteriormente.

Eventuais insucessos em campo, inclusive, podem ocasionar - no modelo associativo - uma ruptura no padrão organizacional e até nos objetivos estratégicos do clube, o que seria algo extremamente negativo para o planejamento de médio e longo prazo.

Assim, seria bastante razoável afirmar que o modelo empresarial possibilita uma maior segurança no desenvolvimento de políticas de longo prazo, afinal, imagina-se que as instabilidades políticas e eleitorais não afetem a gestão da instituição. Essa é a teoria. Contudo, na prática, a coisa pode ser um pouco diferente.

Em 2020, a Netflix lançou diversas séries esportivas que fizeram grande sucesso. Uma delas foi a excelente *Sunderland Até Morrer*[2] cuja recomendação fica feita desde já!

Na Inglaterra, é muito comum os clubes adotarem o modelo empresarial e terem donos. O Sunderland, que é um tradicional clube inglês, foi adquirido, em 2008, por um empresário americano do ramo imobiliário chamado Ellis Short. Não pretendo esmiuçar os investimentos e as *performances* do clube do nordeste da Inglaterra. Aqui pretendo apenas me ater à estabilidade da gestão.

Ellis permaneceu por um período relativamente longo no clube antes de vendê-lo, o que aconteceu em 2018.

Você, leitor, de forma precipitada, poderia dizer: "Mas Pedro, essa informação comprova sua tese! Qual clube brasileiro teve o mesmo gestor por 10 anos?"

Vamos com calma. Eu poderia argumentar que Mario Celso Petraglia é mandatário do Athletico Paranaense há décadas, e, inclusive, pelo trabalho desenvolvido no longo prazo mudou o clube de patamar. No entanto, essa é só uma exceção que comprova a regra.

Por outro lado, é indiscutível que os mandatários podem até mudar. Mudam os nomes, mas permanecem os grupos políticos e a filosofia de trabalho. Vejamos o caso do Internacional de Porto Alegre que passou por eleições em dezembro de 2020. Por mais de 20 anos, o presidente eleito sempre era proveniente de um grupo chamado MIG (Movimento Inter Grande), cuja figura de maior representatividade foi o presidente colorado Fernando Carvalho.

Pela primeira vez em muitos anos, em 2020, o candidato oficial desse grupo não estava entre os dois concorrentes no pátio (assembleia geral onde ocorre a eleição presidencial do clube gaúcho).

---

[2] Série dirigida por Jan-David Soutar e Myles Judd. Reino Unido e Irlanda do Norte. Netflix, 2020.

Isso serve para mostrar que, por mais que pessoas mudem, estilos sejam alterados, podemos dizer que alguns clubes podem ter uma estabilidade de linha de gestão (embora sempre sob o risco eleitoral).

No entanto, voltemos, neste momento, para o Sunderland, a fim de mostrar outro lado desse mesmo ponto. Depois de 10 anos, Ellis Short vendeu o clube para um conglomerado representado por Stewart Donald. Ocorre que, já em dezembro de 2020, menos de três anos depois, Donald informou sua pretensão de vender o clube mais uma vez, tendo sido anunciado, no dia 28 do referido mês, que o jovem bilionário Kyril Louis-Dreyfus, de 22 anos, teria entrado em acordo com o antigo dono, restando pendentes os trâmites burocráticos de aprovação pela liga inglesa.

O que esses exemplos nos mostram? Não há verdade absoluta quanto à estabilidade de qualquer dos modelos. Em tese, é inegável que o modelo empresarial é capaz de ocasionar uma maior segurança à estratégia de longo prazo, contudo, não há garantias de que isso irá acontecer.

## III. Captação de investimentos

O futebol movimenta cifras bilionárias ao redor do mundo e já é comum exemplos de diversos clubes "adquiridos" pela iniciativa privada — como o mencionado exemplo do Sunderland — seja por sheiks multi-milionários, seja por grandes conglomerados.

A entrada de um *"player"* como esses no mercado brasileiro exigiria um grau de segurança jurídica que poderia ser conferido muito mais facilmente por uma empresa — com gestão supostamente mais estável e um acordo de acionistas — do que por uma associação que tem eleições a cada dois ou três anos e cujo gestor escolhido pode ter divergências tanto com o planejamento quanto com os compromissos estabelecidos por aqueles que o antecederam.

Além disso, a natureza empresarial — que traz consigo a busca pelo lucro — permitiria a um possível investidor que se remunerasse mais facil-mente; afinal, a distribuição de dividendos é algo usual em empresas, mas não é permitido para uma associação sem fins lucrativos.

Desse modo, no aspecto de captação de investidores ou de parceiros internacionais, o modelo de clube-empresa é muito mais atrativo do que o de associação, no qual, para investir com maior segurança, seria necessário fazer uma série de contratos particulares, como, por exemplo, um de cessão temporária da gestão do departamento de futebol. Isso não é algo comum, mas acontece.

Sem dúvidas, contudo, um investidor mais qualificado, que promova uma *due dilligence* antes de colocar seu dinheiro em algum negócio, irá se sentir mais confortável sendo acionista — preferencialmente majoritário — de uma empresa do que sendo contratante de uma associação sem fins lucrativos comandada por gestores políticos.

## IV. Questão Fiscal

Essa talvez tenha sido, por décadas, a principal vantagem do modelo associativo sobre o modelo empresarial: vantagens fiscais decorrentes das isenções de que gozam os clubes em formato de associação.

O Brasil está, no topo mundial, entre os países com maior carga tributária (beirando os 35%). Os clubes brasileiros, já altamente endividados, e, por conseguinte, com grande parte do seu orçamento comprometido, se tivessem que pagar impostos nessa proporção — sem algum plano de contingência ou alternativa de crescimento de fluxo de caixa —, sem dúvidas, tornar-se-iam inviáveis (alguns já estão à beira desse destino, mesmo com os benefícios fiscais).

Aconteceu, em 2021, um forte *lobby*, em Brasília, pela construção de uma legislação que viabilizasse o "clube-empresa". Dentro dos projetos existentes, poderia haver algumas divergências, mas um ponto era pacífico: a criação de uma carga tributária diferenciada para clubes de futebol que adotassem o modelo empresarial.

E assim nasceu a SAF.

Ainda que a carga tributária da Sociedade Anônima do Futebol seja superior à enfrentada pelos clubes que adotam o modelo associativo, houve uma diminuição na diferença, o que fez com que a migração de natureza jurídica se tornasse muito mais atraente, especialmente ao se considerar a maior facilidade de atração de investidores do modelo empresarial, como mencionado no tópico anterior.

O "dinheiro novo" oriundo de investidores ou mesmo de outras alternativas trazidas pela Lei de SAF, como emissão de debêntures-fut, certamente seria capaz de compensar eventual prejuízo fiscal pela migração de formato jurídico.

## V. Recuperação judicial

A recuperação judicial é um instrumento legal, o qual pode ser utilizado por empresas que passem por graves dificuldades financeiras. Não pretendo esmiuçar os pormenores jurídicos do instituto, até porque não se trata de tema de pouca relevância e complexidade. Nós nos restringiremos aqui a falar de como a utilização desse instrumento poderia ser vista como vantagem ou desvantagem de um formato sobre o outro.

Se chegarem ao ponto de entrar em "RJ", as empresas possuirão algumas situações benéficas junto aos seus credores para tentar viabilizar a sua recuperação, o que se entende como algo de interesse geral: a) da própria empresa (que deve querer continuar desenvolvendo suas atividades); b) dos seus credores (afinal, se a empresa quebrar, eles tendem a não receber a maior parte dos seus créditos); e c) da sociedade (por conta do movimento na economia, manutenção de empregos etc.).

A Lei de Recuperação Judicial é voltada exclusivamente para empresas. Assim, os clubes em formato associativo não poderiam usar essa alternativa. Por outro lado, poderiam se valer do expediente da Insolvência Civil, o qual é uma espécie de " falência de pessoas físicas e sociedades simples", o que poderia atender aos mesmos objetivos, embora, em tese, com menos benefícios do que a Recuperação Judicial.

Há em tramitação na Justiça, no entanto, duas situações que podem quebrar paradigmas e diminuir essa suposta vantagem que clubes-empresa teriam sobre "clubes-associações".

É bem verdade que a Lei n.º 14.193/2021 (que criou a Sociedade Anônima do Futebol) trouxe previsão expressa que estabeleceu a possibilidade de recuperação judicial por clubes de futebol, mas, antes disso, ainda no ano de 2020, houve um precedente que já era capaz de trazer um benefício altamente relevante para associações em geral, até mesmo para clubes de futebol. O Instituto Cândido Mendes (uma associação sem fins lucrativos mantenedora de uma Universidade) ingressou com pedido de Recuperação Judicial perante a Justiça do Rio de Janeiro e teve sua solicitação deferida.

Essa foi uma grande inovação jurídica que pode abrir margem para que os clubes de futebol associativos também possam se valer desse importantíssimo expediente. Esse precedente, sem dúvidas, é algo que os departamentos jurídicos de alguns clubes brasileiros devem estar acompanhando com bastante atenção.

Na sequência desse primeiro caso, já no primeiro trimestre de 2021, antes da Lei da SAF, o Figueirense apresentou pedido de Recuperação Judicial, o qual está tramitando em Santa Catarina. Os desdobramentos do caso do clube catarinense tendem a ter impacto relevante no futebol brasileiro, mas ainda é muito cedo para que se tenha dimensão de como isso irá afetar o mercado.

## VI. Democracia e participação

O modelo associativo, em alguns casos, pode permitir uma ampla participação dos associados na vida política do clube, o que ocorreria por meio da escolha dos representantes dos conselhos e da diretoria e, eventualmente, possibilitaria que um desses mesmos associados pleiteasse ocupar um desses cargos.

É verdade também, contudo, que muitos estatutos de clubes em modelo associativo estabelecem normas restritivas que não permitem essa liberdade de participação. É certo, entretanto, que o caráter popular e democrático é percebido, em tese, muito mais facilmente no modelo associativo do que no modelo empresarial.

Via de regra, um clube-empresa tem um dono, algum sujeito ou grupo empresarial que investiu substancialmente e, naturalmente, desejará ter segurança e controle sobre o trabalho de gestão a ser realizado.

Existem clubes que migram para o formato empresarial e possibilitam que os associados se tornem acionistas, porém, mesmo nesses casos, dificilmente os investidores não terão o maior controle sobre a administração geral, até pela lógica capitalista — que não deixa de ser razoável, registre-se — uma vez que o tratamento conferido ao futebol seria ao de um produto da indústria do entretenimento.

Se isso é bom ou ruim, serão os sócios e os dirigentes de cada clube que deverão discutir coletiva e cautelosamente para tomar a melhor decisão conforme entendam ser o interesse estratégico da instituição.

Cabe aqui fazer um outro parêntese. Essas impressões, embora coerentes, são bastante teóricas. Lembram-se do exemplo anteriormente mencionado do Sunderland? Lembram-se de que o antigo dono informou, em dezembro de 2020, a intenção de venda do clube que tinha adquirido havia menos de três anos? Pois bem, um fator aparentemente relevante na motivação dessa decisão foi a pressão dos torcedores do clube, pois, segundo palavras do próprio Stewart Donald, ele não teria pretensão de ficar onde não fosse bem-vindo.

Isso parece demonstrar a força da participação dos torcedores na vida do clube, mesmo sendo uma empresa, não é mesmo?

## E, então, qual o melhor modelo?

Creio que as contraposições por tópicos que fizemos anteriormente, leitor, podem nos auxiliar a chegarmos a algumas conclusões.

A primeira, a mais importante e que já foi dita e reiterada de forma insistente (desde a introdução, eu disse que, às vezes, é preciso repetir o óbvio, lembra?) é que a profissionalização pede passagem no futebol brasileiro e é algo imperativo para a sobrevivência dos clubes, sendo isso muito mais relevante do que qualquer discussão sobre formatos jurídicos a serem adotados pelos clubes do nosso futebol.

A segunda é que o mantra de que "a transformação dos clubes em empresas é a solução para o futebol brasileiro" é uma meia verdade. Registre-se que essa migração de formato pode até ser útil para resolver casos específicos de clubes que estejam em péssimas condições financeiras e tenham algum investidor em mira na eventualidade de se tornarem empresas. Isso, contudo, não consistiria num modelo orgânico e geral para todos os clubes de futebol.

A terceira conclusão é a de que cada clube, cada gestor e cada torcedor/sócio precisa entender as vantagens e as desvantagens de cada um desses modelos jurídicos. É preciso analisar as informações de acordo com a identidade do seu clube, com as suas pretensões estratégicas — desportivas, financeiras, sociais e culturais — e, levando em conta a Lei da SAF, definir se é mais interessante manter-se como associação ou migrar para o modelo empresarial.

Não há uma decisão certa ou errada. Há interesses a serem ponderados. Existem clubes de grande sucesso no mundo inteiro nos dois formatos — Real Madrid e Barcelona são associações; Manchester City e PSG são empresas, por exemplo.

## A MELHOR POLÍTICA É O EXEMPLO E O RESPEITO

Outro clichê que costumamos ouvir bastante, quando se fala de liderança, é que *a palavra convence, mas o exemplo arrasta.*

Lugar comum, sem dúvidas. Mas verdadeiro, inquestionavelmente.

Por mais que preguemos uma nova linha de atuação com a melhor das oratórias, nada será mais efetivo do que liderar pelo exemplo.

Embora o grande público esteja sempre focado nos atletas e na comissão técnica, um clube de futebol é formado por centenas de profissionais. Eles são porteiros, prestadores de serviços gerais, cozinheiros, pessoal de manutenção dos campos, roupeiros, coordenadores, gerentes etc.

Mudar a cultura de um clube atinge o campo e, eventualmente, os "artistas principais" da equipe, que são os atletas. No entanto, para promover esse processo, é necessário o envolvimento de todas as peças da instituição. E a maioria delas não é conhecida do grande público.

A reestruturação que conseguimos promover no Bahia, na gestão liderada por Marcelo Sant'Ana (de dezembro de 2014 a dezembro de 2017), além de ser possível devido aos grandes profissionais que compuseram a diretoria do clube, deu-se muito por conta da relação que mantivemos com todos os funcionários.

A primeira reunião ampla que promovemos, após a eleição, não foi com a comissão técnica ou com os atletas (sequer seria possível, até porque estavam de férias).

Lembro-me muito bem de estar diante do auditório, ao lado do presidente Marcelo Sant'Ana, o qual conduziu aquela conversa. Nós nos apresentamos, expusemos o que pensávamos para o clube e perguntamos não apenas o que eles pensavam, mas do que precisavam.

Dentre os diversos assuntos que foram tratados, recordo-me de um funcionário ter dito que gostaria de ter uma refeição quando chegasse ao clube. Ele disse que era dado o almoço, mas que como muitos precisavam sair de casa muito cedo, a fome apertava durante a manhã.

A mera inclusão de um sanduíche com café para o pessoal que chegava muito cedo ao clube para trabalhar foi uma medida que, mais do que respeito, demonstrou que a nova gestão se importava com as pessoas que compunham a instituição. Para que aquele clube tivesse sucesso, era preciso que cada um tivesse seu máximo rendimento, e ninguém rende de barriga vazia, não é mesmo?

Uma outra história que também foi muito marcante para mim aconteceu por causa de uma ação aparentemente banal do clube e que aconteceria em muitas empresas, mas que era inimaginável naquele ambiente alguns anos antes.

Jorge Avancini, diretor de *marketing* que foi contratado no início da gestão, tinha acumulado alguns bons contatos de empresas que costumavam se envolver com futebol. Por conta disso, pela primeira vez (ao menos na minha memória), o Bahia teve o patrocínio de uma operadora de plano de saúde.

O principal benefício com a contratação desse parceiro comercial não era financeiro (ao menos no sentido de entrada de dinheiro em caixa), mas de agregar serviços aos funcionários do clube. Não apenas atletas, mas todos os demais funcionários (e até seus familiares) poderiam ter a cobertura de um plano de saúde de abrangência nacional.

Eu me lembro muito bem de quando vi uma funcionária de décadas do clube emocionada, porque iria poder fazer uma cirurgia da qual precisava há anos, mas nunca tinha conseguido realizá-la. O valor que um clube agrega com esse tipo de conquista é imensurável. Os benefícios que isso traz ao ambiente são indescritíveis.

Aliás, o ambiente interno do clube é algo fundamental a ser cultivado. Foi especialmente com o apoio das pessoas que compunham o Bahia que conseguimos superar cada crise que enfrentamos. E não foram poucas.

Se tem algo que pode tornar qualquer ambiente de trabalho desgastado, são os atrasos salariais. Posso, com orgulho, dizer que nunca houve atraso enquanto estive na direção de um clube de futebol. Isso, que seria algo básico em qualquer negócio, torna-se um diferencial no mundo da bola. É triste, mas precisa ser dito.

Havia funcionários que já haviam perdido salários (não pagos e cujo prazo para cobrança na Justiça já havia prescrito). Pagamento de 13º salário, então... Isso era quase uma lenda.

Nesse contexto, me recordo de uma terceira história que foi muito bacana por servir para matar dois coelhos com uma só cajadada.

O Bahia, em 2015, passava por um ano complicado. Crise financeira, Série B e reformulação administrativa. Naquela oportunidade, tínhamos um contrato com a Itaipava Arena Fonte Nova, o qual nos garantia uma receita recorrente, mas que, a depender da nossa *performance* junto ao torcedor (quantidade de público no estádio), poderia nos trazer bônus por metas.

E assim, em outubro daquele ano, tivemos um bônus substancial. Ocorreu que, àquela altura, com exceção de situações litigiosas ou controvertidas, nossas dívidas estavam equacionadas, no sentido de controladas por novas negociações e parcelamentos, de modo que o dinheiro que foi recebido como bônus do contrato não tinha um destino específico.

Seria de se pensar em aportar os recursos no futebol, mas, àquela altura, as inscrições da competição já haviam sido encerradas. Além disso, qualquer verba que ultrapassasse os seis dígitos, ainda que por pouco, teria um alto impacto na gestão financeira do clube, mas não necessariamente seria convertida em uma contratação para o futebol que fosse capaz de mudar nosso destino.

Por outro lado, até por existirem litígios em que o clube figurava como réu, uma eventual condenação da Justiça poderia ocasionar bloqueio daquela receita, risco a que, evidentemente, o clube não poderia se sujeitar; afinal, se vivíamos uma crise financeira, não poderíamos nos dar o luxo de ter recursos, não usá-los imediatamente e, por causa disso, vê-los bloqueados por uma possível decisão judicial.

Então, tomamos uma decisão que fez muitas pessoas ficarem incrédulas.

Pela primeira vez na história, o Bahia (arriscaria dizer até que qualquer clube de futebol do Brasil) pagou a primeira parcela do 13º salário de todos os seus funcionários (com exceção dos atletas e comissão ) no mês de outubro.

Essa nos pareceu uma decisão bastante lógica: antecipamos um pagamento que precisaríamos fazer de qualquer forma, eliminamos o risco do dinheiro ser bloqueado e ainda construímos o melhor ambiente interno que o clube já viu.

Liderar pelo exemplo não é apenas praticar aquilo que se prega. Isso é só o básico. É necessário que a liderança demonstre que se dedica tanto quanto espera que os demais se dediquem. E, por fim, é preciso ter empatia com todos que estão ao seu redor. É necessário se preocupar com a dor deles. O time não são apenas os 11 em campo. Todos que compõem os quadros do clube são jogadores desse "jogo maior" que é a reconstrução cultural da instituição. Portanto, não tenha dúvidas, da mesma forma que uma erva daninha pode prejudicar um time dentro das quatro linhas, o mesmo pode ocorrer na gestão. Com isso em vista, é preciso cultivar esse jardim com muito cuidado e atenção.

A última história que tem relevância para esse assunto talvez seja a mais simples.

Depois de um bom tempo já desenvolvendo o trabalho, é natural criar uma relação mais próxima com a equipe. E por mais que seja bacana receber elogios, é importante buscar entendê-los (da mesma forma que é imprescindível também estar aberto a receber e entender as críticas).

Sempre escutei que eu e o presidente Marcelo éramos "diferentes". Isso num tom claramente elogioso. Eis que um dia, num almoço no refeitório do clube, conversando com um dos membros da equipe, perguntei por que seríamos "diferentes" como eles colocavam.

Marcelo, que é uma pessoa mais comunicativa do que eu, sempre era o primeiro citado.

*Veja, Pedro! Marcelo fala com todo mundo quando chega ao clube. Faz questão de cumprimentar cada funcionário. Sabe o nome de cada um. Você está aqui almoçando comigo na mesma mesa. Pegou a fila para se servir igual a mim. Antigamente, dirigente nem comia aqui porque diziam que a comida não era boa. E se fosse comer, não esperava na fila.*

Em resumo, o que nos tornava "diferentes", na visão de algumas pessoas da equipe, não era o fato de termos uma visão inovadora de gestão, de montarmos uma equipe técnica, nem qualquer outro motivo que remeta à gestão corporativa e *compliance*, elementos tão discutidos quando se fala na administração de clubes de futebol hoje em dia.

O que fez a diferença no ambiente de trabalho é uma coisa muito básica. Chama-se *educação*! Dela vem o respeito e a empatia.

Foi importante finalizar esse capítulo com essa mensagem, porque não adianta ter as melhores ideias nem implementar as melhores ações se não conseguirmos cativar nossa equipe para desenvolvê-las ao nosso lado. Eu nem sabia que essa era uma lição a aprender na gestão de futebol e, despretensiosamente, a entendi em meio a um rápido almoço durante o expediente.

# LIÇÃO NÚMERO 3:

# APROVEITE SEUS PONTOS FORTES

Até onde sei, não existe graduação em gestão esportiva. O sujeito pode até fazer o curso de Administração na faculdade, mas nunca ouvi falar de um recorte específico para gestão de entidades esportivas.

Sei também da existência dos cursos universitários de bacharelado em esporte, mas também não consistem, em minha visão, numa formação focada em gestão esportiva, embora, naturalmente, agreguem conteúdo útil para esse fim.

De minha parte, já depois de estar envolvido no meio do futebol, fiz cursos de gestão do futebol e gestão técnica do futebol na CBF Academy e Universidade do Futebol, respectivamente. Foram conteúdos interessantes, especialmente o primeiro.

No entanto, não tenho medo de errar ao afirmar que o que mais me ensinou foi a prática. E, da mesma forma que se vê pessoas de formações das mais diversas terem sucesso no empreendedorismo e no desenvolvimento de funções executivas, me parece que qualquer formação acadêmica pode trazer ativos relevantes para o gestor de futebol.

Eu sou graduado em Direito pela Universidade Federal da Bahia. O foco do meu desenvolvimento acadêmico e profissional sempre esteve no mundo jurídico, pelo menos até dezembro de 2014. É bem verdade que passeei brevemente pelo curso de Administração e por atividades desenvolvidas no SEBRAE, mas a maior proximidade que tive com empresas foi por meio do meu trabalho de advocacia, esse sim focado na área civil e empresarial.

E aí vem a pergunta: como um advogado com especializações em direito civil e experiência em direito empresarial vai conseguir ajudar na profissionalização do futebol? Eu diria que essa pergunta poderia ser feita a um profissional com qualquer formação.

A mudança virá com as atitudes e políticas a serem adotadas na gestão do negócio. No entanto, uma coisa é certa: ninguém deixa para trás os seus conhecimentos quando embarca num novo desafio profissional.

Um amigo me fez uma referência muito interessante sobre o aproveitamento de meus conhecimentos jurídicos na gestão esportiva. Disse ele: *Pedro, você está num outro universo profissional, mas isso não quer dizer que deve abandonar o que já conquistou. É como uma partida de War* (sim, eu, e toda geração que nasceu no século passado, jogou muito War, produto da *Grow*, que desde moleques nos dá noções básicas de estratégia). *No War, quando você quer avançar para um novo território, não deve desproteger o já conquistado, pelo contrário, deve fortalecê-lo, pois poderá lhe ser útil para garantir o crescimento e fazer novas conquistas.*

Avaliei essa metáfora como certeira. Primeiro, para que eu cresça como gestor, não preciso negligenciar meus conhecimentos de advogado. Segundo, e mais importante, eu posso usar meus conhecimentos jurídicos para servirem ao meu trabalho de gestão.

Essa mesma lógica se aplica a qualquer que seja sua área de atuação, de Contabilidade a Medicina! De alguma forma, o conhecimento que você acumulou durante sua vida certamente poderá lhe auxiliar na gestão de futebol que envolve um sem-número de fatores.

E foi com essa lógica que, em 2013, quando eu ainda era apenas mais um entre os cem conselheiros do Esporte Clube Bahia, me tornei coordenador da Comissão de Ética do conselho deliberativo e liderei o processo de criação do Código de Ética e Conduta do clube. Essa foi, provavelmente, minha primeira atuação de maior destaque dentro do Esporte Clube Bahia, e ela veio muito mais do meu conhecimento jurídico do que de minha capacidade de gestão.

## O GOL QUE O TORCEDOR NÃO VÊ

Como já mencionei, fui eleito vice-presidente do Bahia em dezembro de 2014. Preciso relembrar algumas coisas que aconteceram naquele ano, tanto no clube quanto no Brasil, para facilitar o entendimento da história a seguir.

O Bahia passou por uma intervenção judicial em 2013 que destituiu toda a sua diretoria e todos os seus conselhos. Isso já foi dito. Contudo, não foi dito que a diretoria deposta havia feito um acordo com a empreiteira OAS, através do qual transferiria a propriedade do Centro de Treinamentos do clube (o Fazendão), localizado numa região em amplo crescimento urbano (a cinco minutos do Aeroporto de Salvador), em troca de um novo Centro de Treinamentos, quase três vezes maior, a ser construído na Região Metropolitana de Salvador (entre os municípios de Camaçari e Dias D'Ávila).

O Bahia chegou a transferir a propriedade do Fazendão para a OAS, mas não recebeu em troca a propriedade do novo CT, conhecido como Cidade Tricolor. Apesar dessa situação, o Bahia continuava exercendo suas atividades no Fazendão.

Em paralelo a isso, no fim de 2014, "estourou" a Operação Lava Jato, a qual atingiu diversos políticos e empresas de grande porte do país, entre elas a OAS.

Quando isso aconteceu, a gestão do Bahia, liderada pelo então presidente Fernando Schmidt, já tinha finalizado um acordo para readquirir a propriedade dos dois Centros de Treinamento para o clube.

Esse contrato foi formalmente assinado em 27 de novembro de 2014. Convém lembrar que a Operação Lava Jato foi deflagrada em março daquele mesmo ano e que, no dia 14 de novembro, teve início a sétima fase da operação, chamada de "Juízo Final", que atingiu em cheio diversas empreiteiras envolvidas num cartel para fraudar sistematicamente licitações da Petrobras.

Feita essa contextualização, voltemos para dezembro de 2014.

Recém-eleito vice-presidente do Bahia, clube que tinha acabado de ser rebaixado e que, dias antes, havia firmado um acordo que envolvia seus maiores patrimônios imóveis com uma empresa que estava mergulhando numa crise decorrente de um escândalo de corrupção.

*Use seus pontos fortes.*

Conversei com o presidente, cuja formação era focada em comunicação e *marketing*. Ele me deu carta-branca para conduzir o tema. Desde o início, deixei claro que via com muito ceticismo a capacidade e o interesse da OAS em cumprir o acordo conosco, diante de todo o cenário que estava se desenhando. A situação era aterradora: o Bahia não era dono de nenhum dos imóveis e estava como "posseiro" do Fazendão.

Solicitei ao nosso assessor jurídico, Vítor Ferraz, que posteriormente me sucedeu na vice-presidência do clube, que convocasse todos os advogados que prestavam serviços ao clube para tratar do tema. Convidei ainda alguns conselheiros do clube que possuíam notório saber jurídico e, por fim, chamei duas das pessoas em que mais confiava para fazer a avaliação: meus sócios, especialistas em direito empresarial, Abelardo Sampaio e João Glicério.

Depois de algumas conversas, a decisão para mim era muito clara, especialmente devido ao desenrolar da Operação Lava Jato. Precisávamos adotar alguma medida que garantisse que o patrimônio do clube seria preservado.

Nos bastidores do mercado e do mundo jurídico, falava-se que a OAS entraria em Recuperação Judicial. Não vou entrar em maiores detalhes sobre os impactos jurídicos disso, mas posso assegurar que ser credor de uma empresa em recuperação judicial (além de envolvida num escândalo de proporções nunca vistas na história do Brasil) não seria uma situação confortável.

Foram algumas semanas de pesquisas, discussões e trabalho.

Demos entrada numa ação cautelar em face da OAS. Conseguimos uma liminar que determinou o bloqueio das matrículas dos imóveis (Cidade Tricolor e Fazendão). Tirando do juridiquês, isso queria dizer que não poderia haver qualquer afetação desses dois patrimônios por decisões que ocorressem fora do processo que propusemos.

No dia seguinte à concessão dessa liminar, foi noticiada a Recuperação Judicial da OAS.

Muitas vezes, as gestões têm conquistas importantíssimas que o torcedor sequer imagina. Essa liminar, no dia anterior à Recuperação Judicial da OAS, foi uma dessas conquistas. Se os torcedores entendessem as circunstâncias que envolveram todo aquele contexto, comemorariam a liminar tal qual um gol marcado nos acréscimos do segundo tempo que garante a vitória num clássico.

Esse foi o gol que o torcedor não viu.

E que golaço! Por conta da liminar, um processo de negociação foi iniciado não apenas com a OAS, mas com alguns de seus credores para quem a empreiteira já havia alienado fiduciariamente o Fazendão (o imóvel com maior valorização e potencial de liquidez).

Dentro da torcida do Bahia e até do conselho deliberativo, houve discussões sobre a necessidade do clube ter um novo centro de treinamentos, sendo o Fazendão tão bem localizado e mais valorizado do que a Cidade Tricolor. Essa seria uma discussão interessante que poderia dar, sozinha, um livro.

Acontece que tínhamos um problema para resolver e não conceitos utópicos para aplicar. O Bahia já havia assinado um acordo na gestão anterior. A OAS tinha dificuldades de honrar aquele acordo e o clube precisava negociar com novos credores da empresa. Ainda que se posicionasse como um terceiro de boa-fé diante de toda confusão em que a empreiteira se envolveu, o Bahia corria o risco, ao final do processo, de perder os dois patrimônios.

Por mais que entendêssemos que o Direito estava ao lado do clube, muitas vezes é melhor fazer um acordo razoável do que encarar uma boa briga; afinal, por mais que achemos que podemos vencer uma disputa, sempre há o risco de perder. E os dirigentes passam, mas o clube permanece. Não vejo como algum dirigente poderia se ver na legitimidade de arriscar todo o patrimônio de um clube.

Assim, num processo liderado pelo diretor Marcelo Barros, com o auxílio do assessor jurídico Vitor Ferraz, conseguimos formalizar um novo acordo, que foi aprovado dentro do processo de recuperação judicial da OAS, e, então, finalmente o Bahia pôde recuperar a posse e a propriedade dos dois centros de treinamento.

É de se dizer que entre a recuperação da propriedade dos imóveis e a inauguração do novo Centro de Treinamentos Evaristo de Macedo (novo nome escolhido para a Cidade Tricolor), foram alguns anos, tendo essa última ocorrido apenas em 11 de janeiro de 2020, quando eu já havia me tornado diretor executivo do clube e tive, como uma das mais importantes missões, justamente a entrega desse equipamento.

## TIRANDO O MELHOR DE SUAS CARACTERÍSTICAS

Do mesmo modo que uma formação acadêmica aparentemente desvinculada da gestão esportiva pôde ser útil na administração de um clube de futebol, cada pessoa tem traços de sua personalidade que não só pode como deve usar para potencializar o desempenho em seu trabalho.

Já mencionei ter sido eleito aos 29 anos. Por conta da agressividade típica dessa idade, acabei criando problemas políticos que poderiam claramente ser evitados, especialmente dentro do conselho deliberativo.

Nas eleições do Bahia, os associados votam duas vezes: uma para chapa da diretoria executiva e outra para chapa do conselho deliberativo. Chapas podem concorrer ao conselho deliberativo mesmo que não apresentem um candidato para a eleição majoritária.

Eis, então, que Marcelo Sant'Ana e eu fomos eleitos com pouco mais de 42% dos votos. Contudo, no conselho, as chapas que nos apoiaram fizeram apenas 44 cadeiras (de um total de 100)— a eleição para o conselho deliberativo do Bahia é proporcional, sem coeficiente mínimo: tendo a chapa 15% dos votos, ela receberá 15 cadeiras do colegiado. Isso implicou em três anos tensos de gestão no ambiente político, pois enfrentamos uma oposição sistemática dentro do clube.

Um dos elementos que, em 2015, gerou muito debate foi a proposta que apresentamos de realização de *votações on-line* pela assembleia geral de associados. Essa seria uma forma de facilitar e ampliar a participação dos sócios na vida política do clube. A oposição não queria que essa proposta passasse. A minha interpretação sobre a motivação desse movimento era muito clara: política! Acreditavam que a diretoria e os grupos políticos que compunham sua base sairiam fortalecidos caso isso acontecesse. Desse modo, a construção política de um caminho para viabilizar a *votação on-line* era muito difícil e avançava lentamente.

*Use seus pontos fortes.*

Debrucei-me sobre o Estatuto do Clube (reformado havia pouco tempo) e verifiquei que a diretoria executiva tinha competência para convocar a assembleia de sócios, mesmo sem a aprovação do conselho deliberativo.

E assim foi feito. O presidente convocou a assembleia de associados, à revelia de um conselho que ficou enfurecido. A aprovação da matéria pelos sócios do clube se deu com margens superiores a 90% dos votos.

A nota de convocação da assembleia geral, assinada pelo presidente Marcelo Sant'Ana, um sujeito de personalidade muito forte, foi uma declaração de guerra à oposição. Isso garantiu que este que aqui escreve tivesse que desenvolver muito mais sua capacidade política, pois passei a ser o representante da diretoria diante do conselho deliberativo.

A seguir, apresento um trecho da *Nota Oficial* que foi publicada em 17 de junho de 2015:

> *A Diretoria Executiva opta por este caminho para fortalecer o protagonismo democrático do Esporte Clube Bahia e evitar que grupos ou alianças, cujos interesses particulares e vaidades não condizem com a grandeza deste Clube, tenham qualquer atitude oportunista de manchar ou colocar em xeque a soberania da Assembleia Geral.*
>
> *Ninguém pode se colocar acima dos sócios e da vontade dos sócios, simbolizada no exercício do direito a voto.*

*A Diretoria Executiva do Esporte Clube Bahia tem um sistema pronto para permitir que cada sócio exerça o seu direito a voto e se faça presente; seja de maneira física ou on-line. O sistema é auditado por empresa referência no país. Também há parecer independente de escritório de advocacia que indica a legalidade do voto on-line, respeitando o Estatuto.*

*Existe, contudo, os que não pensam no que é o melhor para o Esporte Clube Bahia e para seu futuro; desconhecem a modernidade, ignoram a tecnologia como ferramenta de aproximar e conquistar sócios e tentam impedir a ampliação da democracia. Estão sentados à sombra das trevas. Falam, mas querem tomar de outros o direito à palavra e ao voto.*

*O novo plano de sócios vem sendo travado por alguns conselheiros há cerca de dois meses. Quem pensa em subterfúgios para travar a Assembleia é inimigo do Esquadrão. A eleição passou, mas há quem viva em campanha. Nós precisamos defender a Nação Tricolor.*

*O Esporte Clube Bahia tem que solidificar e ampliar sua democracia. Precisa estar presente onde estejam os tricolores, sejam de Salvador, interior, espalhados pelo Brasil ou pelo Mundo.*

É de se destacar que, cinco anos depois, em 2020, o Bahia teve sua primeira eleição presidencial realizada através de sistema de votação *on-line* e bateu recorde de participação, chegando próximo aos 12 mil votos, ficando numericamente atrás apenas de eleições do Internacional e do Grêmio — os clubes gaúchos têm uma tradição de ampla participação dos sócios em suas eleições.

O uso da personalidade assertiva (e até um tanto agressiva) do meu amigo Marcelo Sant'Ana foi fundamental para engajar os sócios na assembleia geral e forçar a aprovação da proposta. Além disso, ele conseguiu colocar, no colo do conselho, a responsabilidade de regulamentar o uso da votação *on-line*, que, como visto, acabou acontecendo.

E isso se aplica não apenas nas relações de fora do campo. Também podemos usar nossas características pessoais para tentar impactar dentro de campo.

Eu, assim como o presidente Marcelo, sempre tive personalidade bastante forte, e, em determinados momentos, uso de uma comunicação mais contundente. A agressividade não é, usualmente, uma característica positiva. Seria um extrapolar da comunicação assertiva, essa sim, uma prática mais virtuosa. É assertiva a pessoa quando se comunica com seu público, preocupando-se com que ele receba a mensagem corretamente e que isso traga um resultado positivo.

Muita gente, dizendo-se sincera, acaba sendo apenas grosseira. A virtude, como quase tudo na vida, encontra-se no equilíbrio, não adianta apenas dizer verdades. Mais do que isso, é preciso levar o conteúdo correto, da forma adequada, para o seu interlocutor, sob pena de, em não o fazendo, não conseguir o resultado almejado.

Há diversos exemplos, na gestão e na liderança de pessoas, sobre os quais poderíamos falar acerca da assertividade. No entanto, a melhor história que posso contar não tem absolutamente nada de técnica.

Para ser sincero, até pensei se descreveria esse fato aqui, um espaço que se pretende um "manual" para trabalhar pela profissionalização do futebol brasileiro. Contudo, tenho claro o entendimento de que há, e sempre haverá, um componente passional no futebol, então não tenho problema em narrar o fato ocorrido.

Antes de falar do campo, convém contextualizar um pouco os bastidores políticos que envolviam o clube. A relação do Bahia com a Federação Bahiana de Futebol não era das melhores, pois Marcelo Sant'Ana, quando na imprensa, sempre foi muito crítico ao presidente da FBF, Edinaldo Rodrigues, que, após décadas nesse cargo, acabou se tornando Presidente da CBF... CBF onde, aliás, o Bahia não tinha das melhores circulações, pois, à época, foi um dos únicos clubes que se absteve de votar no recém-eleito presidente, Rogério Caboclo.

Era o dia 27 de abril de 2017: Semifinais da Copa do Nordeste. Clássico Bahia x Vitória, no estádio Manoel Barradas (mando de campo de Vitória). Por decisão do Ministério Público do Estado da Bahia, aquele seria o primeiro de uma série de clássicos com torcida única.

O Bahia perdeu aquele jogo de virada. O maior problema nem foi pela derrota em si, mas pelas circunstâncias da partida, com uma arbitragem catastrófica. Por conta do histórico recente de prejuízos consecutivos ao Bahia em clássicos diante do rival, havia uma sensação de indignação grande na torcida, nos atletas e na própria diretoria.

Nesse histórico recente de clássicos, ocorreram expulsões injustas contra o Bahia, pênaltis mal marcados em favor do rival enquanto penalidades máximas claras não eram assinalados para o tricolor. Para completar, durante este último clássico, as luzes do Barradão se apagaram, convenientemente, quando o Bahia pressionava o Vitória em busca pelo empate.

A partida terminou dois a um para o time da casa.

Logo após o fim da partida, e bastante irritado, especialmente com os problemas recorrentes que enfrentamos com arbitragens (em capítulo mais adiante, vocês conhecerão uma história inédita e estarrecedora), resolvi chamar o presidente Marcelo para conversar.

Era meu entendimento que, antes da usual coletiva do treinador, a diretoria do clube precisava dar uma declaração forte. Quanto aos impactos que isso ocasionaria, obviamente poderíamos calculá-los, não apenas na torcida, na imprensa, no nosso time, como também na organização da competição. Precisaríamos, depois, nos bastidores, desenvolver um trabalho adicional para evitar maiores prejuízos e potencializar eventuais benefícios.

Marcelo estava um pouco reticente, mas assentiu que eu desse a declaração. Quando passamos pelo vestiário para falar com os atletas e com a comissão técnica, o clima era de revolta. Tivemos um jogador, Gustavo (o "Gustagol" que passou por Corinthians e Fortaleza), que foi expulso no primeiro tempo num lance em que sequer cometeu falta ou reclamou.

Fui então fazer a coletiva. Naquele momento, registre-se, apesar de remunerado, eu ocupava um cargo político no clube. Era importante que os torcedores se sentissem representados por mim.

> Um clássico importante, um dos maiores clássicos do Nordeste... e a diretoria do Bahia quer aqui perguntar de público para CBF, Comissão de Arbitragem, FBF, Liga do Nordeste, o que nós precisamos fazer para deixar de ser prejudicados pela arbitragem. Nós não aguentamos mais! A gente precisa se alinhar com quem? Votar pelo quê? Fazer o quê? A gente não vai mais brigar! Só parem de prejudicar o Esporte Clube Bahia. O Bahia não aguenta mais. Digam o que querem, que nós vamos atender.

Depois dessa fala inicial, citei alguns exemplos dos "equívocos" de arbitragem ocorridos e complementei o discurso com um apelo à torcida:

> Agora, eu peço à torcida do Bahia, porque nós precisamos de vocês. No próximo domingo, só terão vocês na Fonte Nova, e vocês não deixarão a gente ser prejudicado! Fomos melhores com 10 por 70 minutos, e seremos melhores no domingo e sairemos com a classificação.

Quando voltei da coletiva de imprensa, o clima no vestiário já era outro. Os atletas também nos acompanharam e se sentiram representados pelo que falei. O ambiente na torcida e nas redes sociais era de empolgação. Nosso oponente, sentiu-se ameaçado, em que pese sequer tenha sido apontado como culpado de qualquer conduta equivocada. Chegaram ao ponto de fazer denúncia ao STJD por conta da entrevista. Naturalmente, não houve qualquer desdobramento.

No domingo do jogo da volta, os atletas resolveram descer do ônibus e andar pelas ruas no meio da torcida até o estádio. Foi algo inédito no futebol. O ambiente interno e externo do clube, que tinha tudo para estar péssimo após uma derrota num clássico, era extremamente positivo.

E isso se refletiu no campo com uma vitória inapelável que abriu caminho para a final que, posteriormente, venceríamos. Esse jogo deu início a uma série de 12 jogos invictos do Bahia em clássicos, o que só se encerrou em 2020.

A lição dessa história é: em tese, um temperamento agressivo pode ser uma desvantagem. Mas, mesmo uma suposta característica negativa, se for bem utilizada, pode trazer resultados extremamente positivos. É preciso, sempre, usar seus atributos, até mesmo sua personalidade, a seu favor.

# LIÇÃO NÚMERO 4

# CONSISTÊNCIA É FUNDAMENTAL

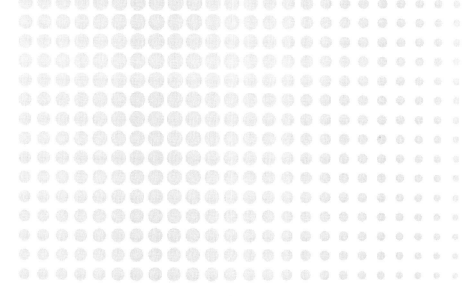

Uma palavra fundamental para a evolução de um clube de futebol é *consistência*.

No Brasil, vemos times que fazem boas temporadas num ano e no seguinte lutam contra o rebaixamento. Isso vale para o campo e, também, para a gestão.

Não é preciso ir muito longe. Lembro bem que, em 2014, ainda antes de começar a trabalhar na administração do Bahia, junto a diversas outras pessoas envolvidas com o clube, participei da elaboração de um plano de gestão. Dentre as metas elencadas nesse plano, estava a de recuperar a hegemonia estadual e regional, além de ser protagonista no Nordeste, não apenas dentro, mas também fora do campo.

Em 2019, até pela análise orçamentária e de avaliação de valor de marca, era fácil dizer que o Bahia era um destaque na Região Nordeste. No entanto, em 2014, cinco anos antes de o trabalho começar, a história era outra. O clube referência na região, dentro e fora de campo, era o Sport Club do Recife. No quesito organização, o Bahia estava com sua credibilidade destruída, enquanto outros clubes tinham uma imagem positiva no mercado da bola.

E o que aconteceu para que esse quadro se invertesse?

Antes de entrar nos detalhes sobre as mudanças das peças de maior destaque na Região Nordeste do Brasil, indo do meio para o fim da segunda década desse século, é preciso destacar o evidente crescimento recente de outros dois clubes, Fortaleza e Ceará, os quais, em 2021 e 2022, deixaram baianos e pernambucanos para trás. O tricolor cearense amargou anos na Série C. Já o alvinegro era praticamente um decano na Série B. Com gestões que desenvolveram trabalho sério e profissional, cresceram muito não só fora, mas também dentro de campo e, hoje, estão no topo do futebol nordestino. O segredo é o trabalho bem-feito.

Mas voltemos para entender o que fez as coisas mudarem.

O Sport vinha num crescimento muito interessante. Estabilidade na gestão, finanças sob controle e o título da Copa do Nordeste em 2014 (contra o Ceará).

Os dirigentes sempre têm ambição de levar conquistas aos seus times. Por mais que uma gestão seja excelente e contribua para o crescimento de um clube, o que entra para a história e fica na memória dos torcedores são as faixas de campeões e as taças nas prateleiras.

Por mais que os dirigentes saibam de todos os riscos da gestão esportiva, muitas vezes entendem que é necessário arriscar para dar um salto de patamar. Cogitam e, muitas vezes, trazem jogadores mais caros e de salários mais elevados, ainda que não exista verba para garantir o pagamento integral do contrato. Decisões são tomadas com fé de que os resultados positivos virão, de que os torcedores irão se associar e que eventuais premiações compensarão o risco.

"Caro é o jogador ruim". Isso é o que gestores costumam racionalizar para justificar contratações de alto impacto financeiro, sob o argumento de que o rendimento em campo poderia compensar o clube. Infelizmente, isso não é uma ciência exata. Não há garantia de resultado técnico na contratação de um jogador "caro", mas há sempre a certeza quanto à obrigação de pagar seu salário no fim do mês.

O Bahia, em 2015, fez um caminho de reformulação completa de sua gestão. Houve redução do quadro de pessoal, construção do plano de cargos e salários, aumento de utilização das divisões de base... enfim, medidas de austeridade financeira num clube em crise e recém-rebaixado à Série B.

O Sport jogava a Série A. Mais do que isso, a disputava de forma competitiva. Em 2014, teve uma participação segura, finalizando na 11ª posição e conquistando uma vaga na Copa Sul-Americana. Em 2015, a ambição do clube pernambucano aumentou. Montou um elenco que contava com ídolos históricos, como o goleiro Magrão e o zagueiro Durval, além de atletas de qualidade, como o lateral esquerdo Renê (que depois foi para o Flamengo e Internacional), o volante Ritchely (negociado posteriormente com o Internacional). Contratou os meias Ibson (revelado pelo Flamengo) e Diego Souza (com passagem pela seleção brasileira), além do atacante André (revelado pelo Santos). Essa equipe foi comandada por Eduardo Baptista, que deixou o clube para trabalhar no Fluminense, sendo substituído por Paulo Roberto Falcão.

Com esse grande elenco o Sport chegou à sexta posição do Brasileirão, ficando muito perto de conquistar uma vaga para Copa Libertadores da América. Inquestionavelmente, foi um ano bem-sucedido no campo. Entretanto, toda conta chega. Na temporada seguinte, o Sport enfrentou uma realidade difícil. Honrar seus compromissos já não era algo tão simples quanto antes, até porque as obrigações assumidas eram mais dispendiosas.

Os problemas não se restringiram à gestão, tendo também atingido o campo nas temporadas seguintes. Em 2016, além da terrível eliminação na primeira fase da Copa do Brasil para o Aparecidense de Goiás, o Sport perdeu o título pernambucano para o Santa Cruz e, além disso, ainda lutou contra o rebaixamento durante quase todo o Campeonato Brasileiro, embora tenha se salvado ao final.

O ano seguinte continuou com problemas fora de campo, apesar de ter chegado à final da Copa do Nordeste, tendo se sagrado vice-campeão e de ter conquistado o título pernambucano. No Brasileirão, no entanto - e mais uma vez, - teve campanha de flerte com o rebaixamento.

O pior passo do clube, em 2017, contudo, foi fora das quatro linhas, numa decisão que se mostrou bastante equivocada (tanto que gestões posteriores do clube a retificaram). Naquele momento, o Sport resolveu deixar a Liga do Nordeste e, consequentemente abandonar a competição mais rentável do primeiro semestre para clubes daquela região.

Alegando uma suposta maior tradição e força de torcida, o Sport pleiteava uma remuneração diferenciada. Nos bastidores, havia também uma guerra entre emissoras de TV — o que iremos aprofundar mais no próximo capítulo —, o que, sem dúvidas, influenciou nessa decisão.

Observem aqui que faltou não apenas consistência, mas coerência na tomada de decisão por parte dos gestores do Sport! O clube havia sido campeão da Copa do Nordeste em 2014, foi finalista em 2017, e, em ambas as ocasiões, faturou bem com premiações e bilheteria, mas, ainda assim, resolveu simplesmente abandonar a competição.

Por mais que tivesse o legítimo interesse de aumentar suas receitas, o abandono da competição, evidentemente, ocasionou-lhe apenas o resultado oposto. Fato é que o clube pernambucano manteve seu declínio iniciado após a formação daquele belo time de 2015 e, finalmente, em 2018, foi rebaixado à Série B já tendo uma situação financeira bastante debilitada.

No caminho oposto, o Bahia, a partir de 2015, optou pela adoção de medidas de austeridade financeira e organização estrutural do clube. Especialmente no primeiro ano da nova gestão, houve uma grande valorização das divisões de base, com reforma do prédio onde os garotos ficavam alojados. Para se ter ideia do péssimo nível do local, o mesmo era apelidado de "Carandiru" em alusão à prisão do estado de São Paulo. Reformas básicas foram feitas para garantir um mínimo de dignidade e, além disso, foram dadas oportunidades aos garotos formados no clube para atuar no time principal.

O Bahia não conseguiu o acesso em 2015, tendo sido esse ano um fracasso terrível para a gestão, pois de nada adiantava ter toda aquela reestruturação organizacional sem que isso viesse casado com o maior objetivo do ano, que era o retorno à Série A. Mais adiante, abordarei assuntos que irão explicar um pouco mais sobre esse insucesso.

É incontroverso, contudo, que a consolidação da estrutura organizacional do Bahia, ainda que numa proporção muito inferior à que seu torcedor gostaria de ver, em pouco tempo, começou a se refletir no campo. Isso fez com que, anos depois, o clube fosse visto pelo mercado como superior ao seu grande rival regional, o Sport Clube do Recife.

## A GANGORRA DO FUTEBOL

A instabilidade do modelo de gestão dos clubes faz com que aquele que estava acima em um determinado momento, pouco tempo depois, esteja abaixo. Isso é uma decorrência da falta de consistência estratégica dos clubes de futebol.

É curioso ver o contraponto entre o Esporte Clube Bahia e o Sport Club do Recife, entre os anos 2014-2021. Isso é interessante justamente porque os ciclos de gestão do futebol revelam como as histórias se repetem, embora, muitas vezes, os protagonistas sejam diferentes.

Isso me faz recordar uma das principais divergências que tive com Guilherme Bellintani, presidente do Bahia que foi eleito em dezembro de 2017. Ele havia me convidado para exercer a função de diretor executivo do clube, para o qual retornei em fevereiro de 2018.

Guilherme, que sucedeu Marcelo Sant'Ana, adota uma linha muito mais agressiva que a de seu antecessor, especialmente, no ponto de vista comercial e financeiro. Logo que retornei ao clube, em fevereiro de 2018, e até mesmo no período de transição nos meses após o fim de meu mandato, auxiliei Guilherme, Vitor Ferraz (seu vice-presidente) e Diego Cerri (diretor de futebol) na formação do elenco de 2018, cujo trabalho já havia se iniciado ainda em 2017.

A partir de 2019, contudo, mais inteirado acerca do funcionamento do departamento de futebol, Guilherme Bellintani assumiu as rédeas da sua condução ao lado de Diego Cerri, enquanto eu deixei de ocupar esse espaço, tendo ficado mais restrito às outras atribuições que me foram conferidas.

Contudo, ainda no início daquele ano, em reunião com a diretoria (Diego, Guilherme e Vítor) fui informado sobre as negociações desenvolvidas para contratação do atacante Fernandão.

Fernandão tinha sido artilheiro da equipe em 2013. Ganhou *status* de ídolo no clube, ainda que não tivesse vencido nenhum título. Era um jogador dedicado e identificado com o torcedor e exerceu papel fundamental para evitar que o clube fosse rebaixado naquela temporada. Mesmo fora do país, o atleta cuidou de manter um vínculo afetivo com o clube, seja através de postagens em redes sociais, seja acompanhando jogos no estádio quando estava em férias.

Em tese, o nível do atleta era bom. Depois de excelente período na Turquia, havia partido para o mundo árabe por apenas uma temporada. Mesmo nesse cenário, o jogador queria voltar ao Brasil. A diretoria entendia que a contratação de um atleta daquele porte (com *status* de ídolo e anos de boas *performances* num futebol de nível bom, embora não fosse o primeiro escalão do mercado europeu) seria de alto impacto não apenas técnica, mas comercialmente.

Hoje, verifico que errei ao dar minha opinião quando questionado sobre essa contratação. Não me arrependo quanto ao conteúdo do que disse, mas pela forma como falei. Assertividade é fundamental. Não adianta ter uma boa informação se não fizermos o receptor da mensagem recebê-la de forma positiva para assimilá-la.

Quando o presidente do clube, empolgado com a potencial contratação de um ídolo, perguntou-me o que eu achava do negócio, respondi muito objetivamente:

*Analisando como um torcedor do clube, acho excelente a contratação de Fernandão, mas como diretor executivo, o que me parece é que caminhamos para transformar o Bahia no Sport Club do Recife.*

Antes mesmo que pudesse concluir o raciocínio, verifiquei que a abordagem que fiz não foi a melhor. O Sport havia acabado de ser rebaixado e passava por uma crise política e financeira naquele período. Isso era algo notório. Naturalmente, a resposta que recebi do presidente foi bastante reativa.

Com mais calma, pude explicar detalhadamente por que acreditava que aquela contratação não era a melhor escolha para o clube. A meu ver, seria feito um investimento altíssimo para os padrões do Bahia para adquirir os direitos econômicos de um atleta que teria o maior salário do clube. Isso não seria tão grave se a maior remuneração do elenco, antes da sua chegada, não fosse a de Gilberto, outro atacante que vinha de uma excelente temporada em 2018, e com quem ele brigaria por posição. Então, teríamos uma situação em que um dos dois jogadores com remuneração mais relevante do clube sempre estaria no banco de reservas, ao menos em tese.

Além disso, devido ao porte financeiro do Bahia, sempre defendi uma linha de austeridade que possibilitasse um crescimento paulatino e sustentável. Essa era uma linha conservadora e que poderia fazer com que títulos de maior expressão demorassem um pouco mais a chegar, mas, no meu sentir, faria com que quando acontecessem, viriam em decorrência de uma evolução estruturada, tendendo a se repetir de forma consistente e não por conta dos acasos do futebol.

Outro ponto a destacar é que ao assumir altos riscos financeiros, o gestor deixa o clube numa situação de vulnerabilidade. Isso ocorre porque qualquer frustração mais relevante de receita, seja com a diminuição de cotas de *pay-per-view*, seja com um eventual rebaixamento (e consequente perda das cotas dos contratos de transmissão), por exemplo, poderia deixar o clube em vias de perder algo fundamental para sua reconstrução: a credibilidade conquistada no mercado.

Com base em todos esses fatores, mencionei o Sport como exemplo de quem tentou dar um passo mais agressivo e quase conseguiu sucesso com aquele time de 2015 (quase alcançando uma vaga para Copa Libertadores), mas depois teve um tombo terrível. As consequências dos riscos assumidos pelo clube pernambucano para tentar alçar um voo mais ambicioso em 2015 foram temporadas sofríveis nos anos seguintes, o que culminou no rebaixamento, em 2018, e na crise financeira e política, em 2019.

Os demais membros da diretoria do Bahia, contudo, entenderam que a contratação deveria ocorrer. Enxergavam que além dos aspectos técnicos, com a contribuição do atleta em campo, haveria um grande impacto na autoestima dos torcedores, o que poderia (como de fato ocorreu) impulsionar o plano de sócios do clube, a presença de público no estádio, o consumo de produtos oficiais etc.

É bom destacar que não existe uma fórmula mágica para dizer se a decisão de contratar um atleta é correta ou não. Como exposto, há diversos fatores que devem ser levados em consideração. O técnico é apenas um deles. Um muito importante, mas apenas um.

## TIME QUE SEMPRE CHEGA, ALGUMA HORA, GANHA

A consistência, como visto, é importante para a evolução fora de campo, e é através dela que um clube consegue mudar seu patamar dentro das quatro linhas.

Há exemplos muito claros em relação a isso.

Tomarei a liberdade de falar do exemplo que vivi diretamente quando fui vice-presidente. Quando assumimos a gestão, o Bahia vinha de um período muito ruim, o que ocorria tanto dentro quanto fora de campo. A Copa do Nordeste, competição mais atrativa do primeiro semestre na região, tanto em termos de público quanto de competitividade e receita, havia voltado a ser jogada em 2013, após um imbróglio com a CBF (tema que trataremos em capítulo mais adiante).

Essa competição era jogada numa fase de grupos com quatro clubes, na qual os primeiros se classificavam para a fase de mata-mata. Nos dois primeiros anos do retorno da competição, o Bahia sequer havia se classificado para a fase eliminatória.

No triênio seguinte, a história mudou. Como mencionado em capítulos anteriores, o Bahia, dentro de sua reformulação, contratou um treinador com características mais condizentes com a expectativa da direção e da torcida. Sergio Soares, na minha opinião, um treinador subvalorizado no mercado que tinha um modelo de jogo bastante propositivo, além de dar oportunidade a diversos garotos oriundos da divisão de base do clube.

Em 2015, o Bahia fez uma bela campanha na competição e chegou invicto à final. Enfrentou o Ceará, que também estava invencível. E assim se manteve. A equipe cearense venceu as duas partidas finais, sagrando-se campeã regional.

Naturalmente, a perda do título é considerada um fracasso. Comparando a *performance* de 2015 com a dos dois anos anteriores, contudo, é inegável que houve uma evolução. Em 2016, uma vez mais o Bahia começou muito bem na competição e terminou a primeira fase com 100% de aproveitamento. Eliminou, sem maiores sustos, o Fortaleza nas quartas de final. Apesar disso, caiu para o Santa Cruz (que tinha derrotado duas vezes na fase de grupos) nas semifinais.

É de se destacar que o Santa Cruz havia sido promovido à Série A no ano anterior, enquanto o Bahia permaneceu na Série B. Uma partida decisiva, com triunfo do time pernambucano na Arena Fonte Nova (casa do Bahia), consolidou essa situação nas últimas rodadas da competição. Assim, essa nova derrota foi especialmente dolorosa para os torcedores e deixou o trabalho da diretoria sob grande pressão.

Em 2017, o Bahia fez uma grande campanha na competição regional. Eliminou o seu rival, o Vitória, nas semifinais num confronto que gerou polêmicas narradas no capítulo anterior e acabou se sagrando campeão justamente diante do Sport Club do Recife.

Esse foi o ano final do triênio da gestão liderada por Marcelo Sant'Ana. Em 2016, o time conquistou o acesso à Série A e, em 2017, além do título do Nordeste, o clube teve chances matemáticas de classificação para a Copa Libertadores até a última rodada do Campeonato Brasileiro.

A questão principal aqui é verificar que, após dois anos sem sequer passar da primeira fase de uma competição importante, o Bahia, nos três anos seguintes, chegou a três semifinais e a duas finais, conquistando um título.

O gestor não pode focar ou prometer a conquista de um título, mas não só pode como deve buscar construir equipes que cheguem, de forma consistente, às retas finais de competições. O time que sempre chega às finais, em algum momento, conquistará o título. Assim, ficou caracterizada a gestão do Bahia do triênio de dezembro de 2014 a dezembro de 2017.

## OUTRO PATAMAR

Muita gente associa a expressão de "outro patamar" ao Flamengo. Isso ocorre devido à declaração do atacante Bruno Henrique, em 2019, quando comparou o seu time com outros rivais cariocas. No entanto, o time que usaremos como exemplo aqui será outro.

Reforçando a ideia de consistência como elemento fundamental para o crescimento de um clube, é bom destacar que o **Ranking de Clubes da CBF** é feito levando em consideração os resultados das competições dos últimos cinco anos e com a aplicação de peso maior para os períodos mais recentes em relação aos mais distantes. Isso dito, quero falar do clube que, em 2022, consta como o 5º melhor time do Brasil. Estou falando do Club Athletico Paranaense.

Nos anos 1990, o Athletico não era sequer o maior clube do estado do Paraná. Esse espaço era, sem dúvidas, do Coritiba Foot Ball Club, que foi campeão nacional na década de 1980. O Paraná Clube também teve campanhas nacionais de mais destaque do que o conterrâneo rubro-negro.

Só que, desde aquela época (com um intervalo breve de apenas um mandato), o Clube Athletico Paranaense (CAP) tem como líder uma mesma pessoa, Mario Celso Petraglia. Alguns gostam dele, outros não. Não dá para contestar, contudo, que o trabalho desenvolvido por Petraglia e sua equipe mudou completamente o clube de patamar.

Hoje, quando se fala em G12 — vício lamentável de grande parte da imprensa para se referir aos supostos 12 maiores clubes do país, que seriam os quatro grandes cariocas, quatro grandes paulistas e os dois grandes mineiros e gaúchos — quem entende de futebol torce o nariz. É que quando alguém usa essa expressão, ignora algumas verdades. A primeira, e mais gritante, é a de que o CAP destroçou esse cenário há muito tempo. A segunda é que outros clubes que vem crescendo de forma organizada, como Ceará e Fortaleza, estão, inquestionavelmente, à frente de alguns dos clubes do chamado "G12" não só em matéria organizacional, mas também dentro de campo.

No entanto, voltemos ao Athletico. O clube paranaense investiu num centro de treinamento de primeiro nível, o CT do Caju, que não deve nada aos clubes do chamado G12, pelo contrário. Ele, hoje, tem um dos mais (se não o mais) modernos estádios privados do Brasil, o qual possui até uma cobertura móvel, e foi o primeiro do país a ter gramado sintético, o que se provou uma vantagem competitiva para o clube mandante. Quando da realização da Copa do Mundo de 2014 que ocorreu no Brasil, a Espanha — seleção que defendia o título de campeã mundial — escolheu o CT Rubro Negro para ser sua base! Isso diz alguma coisa, não é mesmo?

O Athletico sempre trabalhou com planejamento a longo prazo, o que, para ele, é mais fácil do que para outros clubes do Brasil. Isso se dá por causa da estabilidade de liderança que possui. Assim, no início dos anos 2000, conquistou o seu primeiro Campeonato Brasileiro. Em 2005, chegou até a final da Copa Libertadores da América.

Com uma visão à frente dos seus concorrentes, o Athletico Paranaense foi o primeiro clube "grande" do Brasil a jogar o campeonato estadual com time sub23. Isso ocorreu muito antes de a CBF organizar o Campeonato Brasileiro de Aspirantes (competição focada nessa faixa etária). O clube adotou essa estratégia para que a equipe principal tivesse um calendário mais racional (o calendário do futebol brasileiro é qualquer coisa, menos racional). Com isso, possibilitou que os atletas tivessem férias, uma pré-temporada mais longa e, consequentemente, estivessem mais bem preparados para as competições que a diretoria julgava mais importantes: campeonatos nacionais e continentais.

Hoje, muitos avaliam isso como um caminho natural. Mas não era, nem foi bem assim. O risco de insucesso no estadual ou mesmo de um rebaixamento nessa competição poderia pôr em risco todo o planejamento da gestão. No entanto, o clube paranaense se manteve firme mesmo quando enfrentou dificuldades e bancou sua política que, a longo prazo, mostrou-se bastante frutífera.

O resultado disso foi que o time profissional não apenas colheu melhores resultados em competições mais importantes, mas também que o clube passou a revelar muito mais atletas da base, que tinham, no time sub23, uma etapa final do seu processo de formação. Além disso, acabou por revelar, também, profissionais da área técnica, caso do treinador Tiago Nunes, que fez história no clube.

Outro ponto oportuno de se destacar é que o Athletico, com a construção de sua política de valorização de jovens atletas, aliada às constantes participações em competições internacionais (seja Copa Libertadores ou Sul-Americana), conquistou um espaço no mercado internacional que a maioria dos times de fora do chamado G12 não possui. Devido a isso, o rubro-negro paranaense consegue realizar interessantes operações de venda de atletas diretamente para o mercado "A" da Europa, coisa que muitos clubes brasileiros não conseguem. O Athletico se tornou vitrine e fez enormes vendas, em duas janelas de transferência consecutivas, Bruno Guimarães (meio de 2019) e Renan Lodi (início de 2020) — o primeiro para o mercado francês e o segundo para o espanhol, ambos, atualmente, com numerosas convocações para a seleção brasileira.

Além de todos esses fatores elencados, o Athletico também mudou de patamar onde mais importa: dentro do campo. Como já dito, o que marca uma gestão como qualificada, no fim do dia, são as taças que empilha na prateleira e as faixas de campeão que seus torcedores colocam no peito. Assim, os títulos da Copa Sul-Americana, de 2018 e 2021, e da Copa do Brasil, de 2019, são três conquistas altamente relevantes em um curto espaço de tempo e que colocam o Club Athletico Paranaense, inquestionavelmente, entre os maiores do Brasil.

Isso tudo foi fruto de um trabalho de longo prazo, consistente, numa política pensada por uma liderança que foi capaz de manter seus conceitos mesmo enfrentando as intempéries que comumente surgem na gestão do futebol.

## LIÇÃO NÚMERO 5

# O BOM GESTOR PREPARA O CLUBE PARA ESTAR BEM DEPOIS QUE ELE FOR EMBORA

Num dos mais famosos livros sobre gestão de futebol do mundo, Ferran Soriano — ex-vice-presidente do Barcelona e atual CEO do Manchester City — diz que **"A bola não entra por acaso"**.

O livro de Soriano foi o primeiro que li sobre gestão no futebol. É uma obra muito interessante e de fácil leitura. Apesar disso, discordo bastante da premissa estabelecida no título. A bola entra por acaso. A máxima estabelecida no título do livro é uma meia verdade. E uma meia verdade é uma mentira inteira — apesar de eu entender, claramente, a boa intenção de demonstrar que boas práticas tendem a fazer a bola entrar. Essa lógica, contudo, não pode negar a realidade. E a realidade é que a bola entra por acaso várias e várias vezes, especialmente aqui no Brasil.

Claro que o futebol, esporte apaixonante e imprevisível — aliás, é sua imprevisibilidade que ajuda a exacerbar as paixões —, traz situações inesperadas. Por vezes, as circunstâncias podem beneficiar, a curto prazo, a irresponsabilidade; não é incomum a bola, aquela danada, premiar times apenas razoáveis que, num bom dia, conseguem derrotar outro claramente superior nos 90 minutos...

O sucesso pontual é natural no futebol. A bola entra por acaso, portanto. O sucesso duradouro e sólido é o grande desafio. Foi pensando nele que Ferran Soriano batizou seu livro. Como gestor, é muito mais gratificante ter um título como fruto de um processo de crescimento estruturado do que como um fortuito proporcionado pelos deuses da bola.

"Um título é um título" bradarão alguns apaixonados mais exaltados. Verdade. Isso é indiscutível. Dificilmente se troca uma taça na prateleira por uma estruturação sólida. Pergunto-me se os torcedores do Cruzeiro trocariam suas duas recentes taças da Copa do Brasil pelo clube ter uma solidez administrativo-financeira e estar na Série A. Honestamente, não faço ideia da resposta a esse devaneio[3].

Posso apenas falar da experiência que vivi, não só como apaixonado pelo futebol, mas como gestor. Disputei muitos campeonatos. Perdi algumas finais, ganhei outras... Cada competição teve sua história e deixou seu aprendizado. Não apenas as que perdemos, mas, especialmente, as que ganhamos.

Como mencionei anteriormente, vivemos a era dos clichês, mas também já mencionei que os lugares comuns — as obviedades — precisam ser ditos quando se trata de gestão de futebol. Uma frase de efeito que facilmente

---

[3] Essa ponderação eu fazia antes da SAF e de Ronaldo, que, certamente, já estão fazendo os cruzeirenses esquecerem o período de perrengue que viveram.

ouvimos por aí fala sobre as consequências de "perder ou ganhar". O clichê, a seguir, apesar de interessante, parece-me induzir em erro: *Eu nunca perco; ou eu ganho ou APRENDO*. Essa bela frase de autoajuda nos induz num erro crasso! Faz parecer que o aprendizado é uma alternativa à vitória, sendo o consolo da derrota! Numa interpretação mais extrema, poderia até nos levar à absurda conclusão de que não haveria erros no caminho de um triunfo.

A construção do sucesso sólido, sustentável, estável, necessita de uma constante autocrítica. Essa, infelizmente, é uma prática, comumente, em falta na gestão esportiva. A escassez de autocrítica está diretamente relacionada ao excesso de outro elemento: a vaidade. A vaidade impede o reconhecimento de erros, especialmente daqueles que são acobertados por sucessos momentâneos, sejam eles em campo ou fora dele. E, se a reflexão e o amadurecimento não ocorrerem, erros serão novamente cometidos, só que, eventualmente, não terão a sombra do sucesso para escondê-los.

## O NORTE NA TOMADA DE DECISÕES

A tomada de decisões é a parte mais crucial da gestão de futebol. Do dirigente ao treinador. Não me refiro às coisas simples do dia a dia, mas as escolhas relativas a temas relevantes! São as contratações, demissões, escalações, políticas estratégicas... O líder terá, ao longo de um ano, uma quantidade relevante de decisões para tomar, as quais poderão impactar não apenas na temporada, mas também no futuro do clube.

Uma coisa a que muita gente não se atenta, contudo, é que o grande risco na tomada de decisões não é o de errar. Cometer equívocos é inerente ao processo. O principal problema é não aprender com a experiência acumulada. Seja a sua, seja a dos outros.

E aqui segue um aprendizado que muita gente do entorno do futebol insiste em ignorar: a qualidade das decisões tomadas deve ser avaliada pelas suas motivações. Pelos seus fundamentos. Só que os analistas, os torcedores e até muita gente dentro dos clubes julgam uma tomada de decisão pelo resultado que ela gera. Isso é um equívoco.

A partir do momento em que se toma uma decisão, os dados são rolados e a sorte está lançada! A avalição da escolha realizada deve ser feita antes de se saber o resultado que ela ocasionou. Isso porque mesmo as melhores decisões podem trazer os piores resultados, da mesma forma que péssimas decisões podem acarretar sucesso.

O treinador acertou na escalação? Um analista deveria responder à pergunta no momento em que o ato é praticado, não depois que o time entra em campo e performa. Aí fica fácil, pois essa seria "a sabedoria do depois", "a engenharia de obra pronta".

Essa mesma lógica se aplica às ações dos dirigentes. Montaram bom elenco? Escolheram o treinador pensando no modelo de jogo que combina com o estilo do clube? O mantiveram para temporada seguinte corretamente? Quais dados fundamentaram essas decisões?

Toda essa reflexão inicial é para dizer que as decisões de um bom gestor devem partir de uma origem comum: **preparar o clube para ter sucesso a longo prazo**. Isso significa dizer que o dirigente deve atuar pensando não focado em colher os resultados do seu trabalho durante seu vínculo contratual ou tempo de mandato. Em vez disso, ele deve trabalhar para fazer o clube prosperar. Isso, muitas vezes, significa colocar as suas preferências pessoais ou até mesmo alguns interesses imediatos do próprio clube em segundo plano.

Usar essa premissa para tomar decisões em clubes de futebol pode ser, por vezes, impopular, ou até mesmo ruim politicamente — principalmente se considerarmos o caso de gestores estatutários que dependem de eleições para se manter no clube. Por isso, é necessária uma dose de desapego ao cargo. De desprendimento. Muitas vezes, as sementes plantadas por um bom gestor em um clube de futebol só serão colhidas por outros. Por outro lado, por vezes, a história apresenta gestores que se consagram como grandes vencedores nos clubes pelos quais passaram, mas deixam uma bomba relógio de potencial devastador no aspecto financeiro (e, depois, naturalmente, no desportivo), o que afetará quem lhes suceder.

## VENDENDO O ALMOÇO PARA COMPRAR A JANTA

A situação financeira da maioria dos grandes clubes brasileiros é extremamente delicada. Do ponto de vista organizacional, por exemplo, logo que comecei a gestão do Bahia, no fim de 2014, sequer tínhamos uma previsão de fluxo de caixa. É praticamente impossível fazer um planejamento assim.

Menos ruim, mas tão aterrorizante quanto, é ter noção da situação financeira e vislumbrar um cenário de alto endividamento, inclusive a curto prazo. Essa é a realidade de muitos grandes clubes, até mesmo aqueles do chamado G12.

Essas circunstâncias, por vezes, obrigam o clube a fazer maus negócios. Isso acontece seja vendendo os direitos federativos e econômicos de atletas por valores abaixo do que poderiam conseguir no mercado, seja aceitando patrocínios em montantes inferiores ao retorno que sua exposição proporciona, seja fazendo antecipações de recebíveis com alto deságio ou, até mesmo, com negociações desvantajosas relativas a um dos maiores centros de receita dos clubes: os direitos de transmissão.

Além da situação caótica na qual vários clubes foram colocados devido aos anos seguidos de gestões irresponsáveis ou amadoras (para dizer o mínimo), existe outro grande problema que é o fato da maioria desses clubes serem geridos com foco nos interesses da "gestão" e não nos interesses da "instituição". É que, por dirigirem associações, cada gestor tem apenas o seu mandato para performar e ser avaliado pelo seu trabalho. Por isso, ocasionalmente, acabam privilegiando as suas necessidades imediatas em detrimento do que poderia ser melhor para o futuro do clube.

Nesse contexto, é muito difícil que o longo prazo seja privilegiado, pois as necessidades do curto, muitas vezes, são urgentes. É aí que mora o perigo.

A vaidade, pecado capital dos mais praticados entre os cartolas, é o norte de muitas das tomadas de decisão que vemos nessa indústria. Há dirigentes que se consagram politicamente e são endeusados por seu público ao conseguir títulos de grande relevância. Por outro lado, são as gestões que o sucedem, em muitos casos, que precisam lidar com o peso dos riscos financeiros nos quais o clube teve que incorrer. Exemplos não faltam, mas, sem dúvidas, o mais evidente é o Cruzeiro, que foi o bicampeão da Copa do Brasil em 2017 e 2018, mas que foi rebaixado, em 2019, em meio a uma enorme crise financeira e moral.

Fora essa questão, há os equívocos de gestão por decisões decorrentes da necessidade de sobrevivência a curto prazo, as quais fazem com que, muitas vezes, ponha-se em risco, ou até se comprometam, os interesses do clube a longo prazo. Para situações assim, normalmente, usam a metáfora de "vender o almoço para comprar a janta".

Quantas vezes não escutamos que os clubes batiam às portas da CBF ou da Globo com o "pires na mão"? É justamente por conta do arrocho de caixa que eles, muitas vezes, pedem adiantamentos de cotas futuras, comprometendo-se antecipadamente com renovações contratuais e sem sequer avaliar os termos de possíveis melhorias em contrapartidas. O foco é tão grande na sobrevivência imediata que alguns gestores não conseguem pensar dois passos adiante.

E o pior de tudo: esses dirigentes — a maioria abnegados e apaixonados — são avaliados pelos seus consumidores/empregadores (torcedores e sócios) duas vezes por semana. É uma dinâmica frenética e cruel que pode fazer com que essas pessoas passem de "melhores gestores do mundo", ao vencerem um clássico numa quarta-feira, a serem "safados e incompetentes", por causa de uma derrota no domingo.

Nesse sistema "moedor de gente", os dirigentes precisam ter frieza e ponderação para tomar as melhores decisões, não apenas para si (sobrevivência do clube a curto prazo), mas também para a instituição para qual trabalham.

Esse tema me lembra uma história ocorrida em setembro de 2015. Era meu primeiro ano como VP do Bahia, que disputava a Série B, estando na briga pelo acesso. A luta para ficar entre os quatro primeiros lugares daquele ano estava particularmente acirrada.

Estávamos trabalhando havia cerca de oito meses e já tínhamos imposto ao clube um choque de gestão, com mudanças estruturais para adequar a instituição à sua realidade financeira, a qual havia sido abalada por anos de gestões irresponsáveis e pelo rebaixamento ocorrido na temporada anterior. Mesmo com todas as dificuldades decorrentes das mudanças que trouxemos à gestão do clube, a possibilidade de acesso à primeira divisão era real. Além disso, havia um tempero especial na situação: o arquirrival do clube, o Vitória, também disputava a Série B e estava abaixo na tabela.

Numa cidade como Salvador, relativamente grande para os padrões do país, mas pequena quando comparada aos maiores centros, como Rio de Janeiro e São Paulo, e com a diferença especial de possuir apenas dois clubes mais tradicionais com representatividade fora do estado, a rivalidade regional é um grande impulsionador.

Foi nesse contexto que o Bahia foi procurado pelo então detentor dos direitos de transmissão do futebol brasileiro, o grupo Globo. O contrato vigente entre as partes ainda tinha mais três anos de duração, encerrando-se em dezembro de 2018. Só que os executivos da emissora carioca dificilmente deixavam para fazer renovações em momentos próximos à finalização do vínculo. De forma muito sábia, escolhiam os momentos adequados para fazer suas investidas e manter, sob seu controle, um mercado que, por anos, no Brasil, era praticamente seu monopólio.

Reunião marcada. Proposta na mesa. As premissas apresentadas eram simples:

a) ampliação do contrato de transmissão por mais dois anos (prorrogando seu fim de 2018 para 2020);

b) redução imediata da remuneração pela transmissão (sendo diminuído até mesmo o contrato que estava em vigor).

Por uma questão ética e de responsabilidade, não irei expor os números do contrato, mas apenas para facilitar **indicarei valores genéricos para que se tenha uma noção de proporção do que fora discutido nesse episódio**. Imaginemos que o Bahia recebesse 50 milhões por ano, tendo ainda três anos contratados. A proposta feita era para ampliar o vínculo para cinco anos, mas com redução da remuneração anual para 40 milhões. Estaríamos falando de uma redução com efeitos imediatos de 20% do contrato, para ganhar dois anos de vínculo. Sairíamos de um contrato de três anos, com 150 milhões garantidos, para um contrato de cinco anos, com 200 milhões.

Os gestores, naturalmente, entreolharam-se e indagaram por que aceitariam uma proposta que, a longo prazo, traria um claro prejuízo financeiro para o clube. Além disso, renunciariam a 30 milhões de reais (redução de 10 milhões por ano nos valores que já estavam contratados para 2016, 2017 e 2018).

Naturalmente, esses questionamentos foram tratados abertamente com a Globo, a qual já estava preparada para a pergunta e com a resposta na ponta da língua:

"Porque quando vocês assinarem o contrato, receberão 20 milhões no ato".

A proposta de "sinal" pela assinatura da renovação contratual equivaleria a aproximadamente 30% de todo o orçamento que o clube tinha para o ano de 2015. Os impactos que uma injeção de dinheiro como essa poderiam render ao clube — nos aspectos de equacionamento de dívidas e até de investimento no departamento de futebol — seriam substanciais e, potencialmente, decisivos para o sucesso do objetivo esportivo.

Só que esse "sinal" não eram "luvas". Era um "adiantamento".

"Luvas" é o nome que se dá a remuneração que é um prêmio pela assinatura do contrato, a qual seria um valor adicional aos números previamente falados. "Adiantamento", por outro lado, consistiria no pagamento antecipado do valor total do contrato, o que implicaria deduções nas parcelas dos recebíveis dos anos subsequentes.

Ou seja, além de ser uma proposta para diminuir o pagamento anual — apenas a título ilustrativo, digamos que de 50 milhões para 40 — o adiantamento faria com que os pagamentos anuais posteriores caíssem para 36 milhões para compensar esse "adiantamento" dos 20 milhões que viria na assinatura.

Em bom português, se o clube aceitasse a proposta, ele teria uma perda de caixa anual de 14 milhões de reais durante três anos — para só falar dos anos que já estavam garantidos no contato em vigor. Reitero que os números apresentados nessa história são meramente ilustrativos.

A matemática fria parece bastante clara em demonstrar que a proposta apresentada pela vênus platinada não seria um bom negócio para o clube. Só que a realidade financeira era muito difícil, e a diretoria teria a possibilidade de receber imediatamente uma "bolada"... milhões de reais a mais para organizar o clube e investir no time durante a Série B. Em uma reunião de menos de uma hora, o orçamento anual do clube poderia aumentar em praticamente 30%. Com a eventual aceitação do adiantamento, a luta pelo acesso — que estava sendo muito dura — poderia ser radicalmente facilitada.

Penso que não existe verdade absoluta nessa tomada de decisão! Não dá para dizer que uma decisão estaria completamente certa ou errada. Além de tudo que foi exposto, numa primeira análise, há questões que podem não ter sido consideradas por diversas pessoas e que também precisariam ser avaliadas:

1. Não subindo de divisão naquele ano, quais os prejuízos do clube em bilheteria?

2. Um eventual não acesso teria impacto na arrecadação com o sócio torcedor? A previsão seria de muita perda?

3. A remuneração decorrente dos direitos de transmissão seria reduzida em caso de permanência por mais um ano na Série B?

É bom lembrar que os contratos vigentes em 2015, diferentemente dos atuais, tinham a chamada "cláusula paraquedas". O clube rebaixado para a Série B mantinha sua remuneração integral pelos contratos relativos aos direitos de transmissão no ano posterior ao rebaixamento. Caso não retornassem, imediatamente, no ano seguinte, contudo, haveria uma redução de 25%. Os cortes aumentariam à medida que as temporadas passassem e o clube não obtivesse o acesso.

A diretoria do Bahia optou por recusar a proposta. Entendemos que deveríamos priorizar os recebíveis do clube no longo prazo em detrimento de uma menor assunção de risco da gestão que se iniciava naquele ano. Além disso, acreditávamos que o valor proposto pelos anos adicionais não era justo e que, futuramente, poderíamos realizar uma negociação mais interessante.

Toda vez que conto essa história e questiono se meus ouvintes acharam que tomamos a decisão certa ou errada, a maioria diz que acertamos. Eu concordo. Mas as coisas não são tão simples.

Voltemos a 2015, mais precisamente para novembro daquele ano, no qual o clube recusou a proposta. O Bahia terminou a Série B fora do G4. Não subiu. Independentemente de qualquer outra coisa que tenha acontecido naquela temporada, ela será considerada um fracasso. Para piorar, o rival local, o Vitória, que recebeu a mesma proposta da Globo e aceitou, foi promovido à Série A.

Com isso, a crise política se instalou. Torcidas organizadas fizeram protestos na porta do prédio do presidente, com palavras de ordem, xingamentos, pichações... No Conselho Deliberativo, diversos foram os membros que sugeriram um pedido de renúncia da diretoria. Processos de *impeachment* só não aconteceram por total falta de amparo legal, pois a gestão sempre foi extremamente responsável com suas obrigações.

O presidente e eu, àquela altura com 34 e 30 anos respectivamente, passamos a ser chamados de "estagiários", "meninos sem capacidade" para gerir um clube tão grande, com orçamento tão elevado e com tantos torcedores apaixonados.

É evidente que essa crise chegou pelo resultado do campo, e ele foi decorrente de inúmeros fatores. No entanto, penso ser seguro dizer que com alguns milhões a mais no nosso caixa em setembro, o resultado final daquela temporada poderia ter sido outro.

Depois que faço esse acréscimo histórico, repito a pergunta, ao meu público: continuam com a mesma opinião? A maioria continua achando que a decisão sobre a proposta da Globo foi correta, mas agora com uma menor margem em relação à opinião divergente.

Entretanto, como eu disse, não existe resposta completamente certa ou errada nessa (e em diversas outras) tomada de decisão. O que cabe, aqui, são mais perguntas!

*Será que o dirigente do seu clube tomaria essa decisão? Você tomaria essa decisão?*

*Será que os mesmos dirigentes que a tomaram a repetiriam sabendo do desfecho que ocorreria naquele ano?*

*Mais: será que seria tomada essa mesma decisão se 2015 fosse um ano eleitoral?*

As respostas, na humilde opinião desse que vos escreve, deveriam ser as mesmas. Não havendo risco à sobrevivência, sempre deve-se priorizar o melhor para o clube a longo prazo. Os jogadores, técnicos e dirigentes passam. Quem fica para sempre é o CLUBE. O bom gestor é aquele que prepara o clube para prosperar muito depois que ele já tiver deixado seu cargo.

Apesar de toda a crise gerada com o insucesso de 2015, a diretoria do Bahia conseguiu dar prosseguimento ao seu trabalho. Com convicção e resiliência, fizemos o clube atingir seus objetivos ao longo do triênio do nosso mandato. O acesso veio em 2016, e o Bahia fez uma boa Série A em 2017 — último ano da gestão. Sobre os direitos de transmissão, vale dizer que foi firmado um novo contrato, o qual foi muito mais interessante do que aquele proposto em setembro de 2015. Falaremos sobre isso mais adiante.

Retornando ao presente e analisando o que aconteceu com cada um dos clubes da história — Bahia e Vitória —, parece fácil dizer quem tomou a decisão correta! Enquanto o Bahia recusou a proposta e passou por uma dificuldade inicial, mas atingiu seus objetivos; o Vitória aceitou e, embora tenha tido sucesso a curto prazo, hoje amargou, em 2021, o rebaixamento para a Série C do Brasileirão e tenta superar uma crise política e financeira que fez com que por lá passassem quatro presidentes num intervalo de cinco anos...

A grande lição deste capítulo é que, de fato, o futebol é muito diferente de outros negócios, mas, sendo gerido com responsabilidade e, principalmente, coerência, é possível fazer a diferença e impactar, de forma muito positiva, no dia a dia e no futuro de um clube.

# LIÇÃO NÚMERO 6:

# "ORDEM E PROGRESSO" SÓ EXISTE NA BANDEIRA

Quase todo brasileiro está familiarizado com a expressão "ordem e progresso" que está estampada em nossa bandeira nacional. O que muita gente não sabe, contudo, e que eu aprendi nas cadeiras da faculdade de Direito, é que essa expressão, na verdade, retrata o movimento positivista.

Trata-se da forma abreviada de uma expressão de Auguste Comte, pai do positivismo, que dizia *O Amor por princípio e a Ordem por base; o Progresso por fim*. A lógica de Comte filosoficamente é bastante interessante. O amor deveria orientar todas as decisões individuais ou coletivas. A ordem serviria para manutenção de tudo que é bom. E o progresso viria como consequência do desenvolvimento da própria ordem.

O positivismo privilegia o conhecimento científico. Acredita em verdades absolutas e gerais. Eu, particularmente, sempre achei essa uma filosofia bastante conservadora. O positivismo jurídico especialmente.

Para não enfadá-los com devaneios jusfilosóficos, vou logo resumir meu raciocínio usando, justamente, a expressão da bandeira. O binômio "Ordem e progresso" passa uma ideia de conformidade. De evolução contínua. A lógica parte de uma premissa errada — em diversos aspectos, mas em especial no nosso tema gestão de futebol —, a de que as coisas estão em ordem, funcionando e com tendência a evoluir.

Mudanças e rupturas costumam ser provenientes da desordem. Do caos. Quebras de paradigmas são movimentos revolucionários. E desafio alguém a me indicar uma revolução que tenha sido ordeira.

A realidade da gestão do futebol, no Brasil, é um tanto quanto desoladora. O fato é que vivemos no país da Lei de Gerson (temos sempre que levar vantagem, certo?!) ... Brasil e futebol são tão interligados que não é surpresa que tenha sido um jogador de futebol quem cravou uma das poucas leis que comumente vemos funcionar no nosso país.

No fim do dia, o futebol brasileiro apenas reflete a nossa sociedade: os cartolas, normalmente, preocupam-se apenas com os seus interesses. Como se diz aqui no Nordeste: "Farinha pouca... meu pirão primeiro!". Foi devido a essa lógica que o produto "futebol brasileiro" vem, em claro declínio, tendo perda de qualidade e credibilidade.

Dizer que o "futebol é um produto da indústria do entretenimento" é um *slogan* bonito. Já participei de painéis de grandes eventos com essa temática, tendo visto o futebol ser inserido junto a outros grandes produtos, como MMA, *shows* musicais, Fórmula 1 etc. Isso revela um intuito de profissionalismo, mas, na verdade, infelizmente, é algo um tanto romântico. Talvez a melhor descrição da relação entre "futebol" e "indústria do entretenimento", como mencionei lá na introdução, seja um "amor platônico", ao menos na *terra brasilis*.

É indubitável que o esporte faz parte dessa indústria, e o futebol, como um de seus máximos expoentes, deveria estar inserido. Contudo, como falar de indústria sem profissionalismo? Como comparar o que vemos em estádios brasileiros com os grandes eventos que assistimos na Uefa Champions League, ou nas partidas de NBA?

O jogo em si é um mero conteúdo. Conteúdo *premium*, é verdade, mas apenas mais uma peça da grande indústria em que se insere. Além dele, há os ídolos, há as propriedades comerciais, há o espetáculo. Não vou nem me aprofundar no *Super Bowl*, pois aí seria um exercício de masoquismo comparativo.

Quando olhamos o potencial da indústria do esporte e passamos a olhar a organização do futebol brasileiro e dos nossos clubes, encontramos um quadro nauseante! Vejamos: o principal produto do nosso futebol (desconsiderando a seleção, essa sim, comercialmente, muito bem gerida pela CBF) é o Brasileirão (Campeonato Brasileiro da Série A). Se temos um produto *premium*, deveríamos valorizá-lo, certo? Mas como ele é gerido?

O Brasileirão tem seu calendário espremido em seis meses para que as Federações Estaduais (que detém o poder político na CBF) possam organizar os seus (quase todos) falidos campeonatos regionais. Qual a consequência disso? À exceção de um ou outro, os campeonatos estaduais são altamente deficitários para os clubes que participam deles, comprometendo a arrecadação dos primeiros meses do ano, tanto de bilheteria quanto de direitos de transmissão (afinal, as detentoras dos direitos do Brasileirão só começam a pagar quando o campeonato estiver ocorrendo).

Além disso, o Brasileirão fica espremido num curto espaço de tempo, fazendo com que não haja intervalo adequado para treinamento, descanso e preparação física, o que impacta diretamente na qualidade técnica dos "espetáculos". Para piorar, devido a esse caos de calendário, não é possível haver férias de 30 dias nem uma pré-temporada de alto nível como as que fazem os grandes clubes mundiais.

Fechando com "chave de ouro", temos o desrespeito às "Datas FIFA", ocasiões reservadas para agendamento de jogos entre seleções nacionais, quando atletas podem ser convocados. No Brasil, o campeonato não é interrompido durante esse período, e, com isso, os clubes são prejudicados, pois são obrigados a atuar sem seus melhores atletas, os quais irão servir às suas seleções. Destaque-se que o prejuízo não é apenas dos clubes, mas de todos os envolvidos na indústria. Certamente, os parceiros comerciais e os torcedores preferiam ver em campo astros e ídolos nacionais do que seus reservas, seja para estampar suas marcas, seja para produzir um melhor entretenimento.

É possível mesmo falar que o futebol, no Brasil, é um produto da indústria do entretenimento? Podemos esperar progresso da atual ordem vigente?

Não está na hora de bagunçar um pouco esse tabuleiro?

## LIGA DO NORDESTE X CBF

Muitas mudanças positivas no futebol brasileiro decorreram de conflitos. Negociações quentes, processos judiciais, política de bastidores. Isso só ratifica a tese de que o progresso, no futebol, vem da desordem, do questionamento.

Hoje, o futebol brasileiro tem seu campeonato por pontos corridos como algo consolidado, mas essa é uma realidade relativamente recente. Até o fim dos anos 1990 e início dos anos 2000, tínhamos uma competição nacional em turno único e mata-matas, além de copas regionais que eram altamente atrativas e rentáveis. Quem não lembra do tradicional "Torneio Rio-São Paulo"? Também surgiram a "Copa Sul-Minas" e "Copa do Nordeste". Até uma competição diferente, feita para os vencedores desses torneios e com direito a vaga para Libertadores foi criada: a "Copa dos Campeões", quase uma versão brasileira da Champions League.

Ao longo de sua história, o Campeonato Brasileiro nunca teve um padrão estrutural. Ele mudava seu formato constantemente, de ano para ano, o que provocou algumas situações inusitadas, como o controverso título de 1987 (dado pela Justiça ao Sport, mas até hoje reivindicado pelo Flamengo), com viradas de mesa e a famosa Copa João Havelange.

Diante de todas essas inconsistências do nosso futebol, em 2003, a CBF resolveu mudar tudo. O Brasileirão passaria a ser disputado no modelo de pontos corridos (que permanece até os dias atuais). Só que isso trazia um grande impacto no calendário: àquela altura, eram 24 os participantes da primeira divisão nacional e isso implicaria fazer com que 46 datas fossem reservadas ao "Brasileirão". Isso naturalmente afetaria outras competições, especialmente os campeonatos estaduais e as copas regionais.

Os campeonatos estaduais, meninas dos olhos das Federações, foram preservados e, consequentemente, os torneios regionais foram peremptoriamente "descontinuados".

Ocorre que, no Nordeste, havia sido constituída uma liga de clubes, a Liga do Nordeste, a qual abrigava os clubes da região que disputavam aquela competição. Ainda em 2002, a CBF havia divulgado um calendário quadrienal, o qual previa a existência de torneios regionais. No entanto, no último trimestre do mesmo ano, entendeu por cancelá-los para privilegiar o seu novo campeonato por pontos corridos.

A Liga do Nordeste ingressou com uma ação judicial na qual, cautelarmente, exigiu a realização da competição em 2003, com transmissão da TV Globo. A descontinuidade da Copa do Nordeste acarretaria quebra de contrato com a emissora que também foi acionada pela entidade nordestina, além de prejuízos por violações a outros acordos comerciais.

Embora a Liga tenha conseguido uma liminar, a Globo não transmitiu a maior parte dos jogos, e, também por causa disso, o campeonato foi deficitário. Diante do cenário de prejuízo consolidado, a Liga do Nordeste partiu em busca de ressarcimento pelos danos ocasionados pela ação da CBF.

O processo judicial transcorreu e a CBF já havia sido condenada, em segunda instância, a indenizar a Liga no valor, à época, de R$ 38 milhões. Nesse cenário, a Confederação Brasileira de Futebol e a Liga acabaram chegando a um acordo: a competição poderia voltar ao calendário nacional por 10 anos (contados a partir de 2013), e, em contrapartida, nenhuma indenização seria devida.

Convém destacar que não se tratou apenas de um imbróglio jurídico, mas também político. Havia o fundado receio de que os clubes que participassem da competição sofressem punições da CBF. Nesse sentido, a intervenção do judiciário foi fundamental, pois reiterou algo que todos deveriam saber: a CBF não pode interferir em competições organizadas por uma liga que tem total legitimidade para praticar esse tipo de ato.

É inquestionável que o retorno dessa importante competição para a região Nordeste só aconteceu devido à corajosa atitude da Liga e dos clubes que não aceitaram passivamente uma mudança que lhes prejudicaria tanto no aspecto técnico quanto no financeiro.

Registre-se, por oportuno, que os estaduais da região Nordeste são bastante deficitários. A Copa do Nordeste é uma alternativa viável de tornar os clubes da região mais lucrativos, especialmente no primeiro semestre. Em termos de participações de clubes nordestinos nos campeonatos brasileiros por pontos corridos, os números recordes, coincidentemente, ocorreram, justamente, depois que a região voltou a realizar a competição de forma consolidada, levando grandes públicos ao estádio e trazendo bons acordos comerciais para os clubes. Assim, de 2018 a 2021, o Nordeste conseguiu ter quatro clubes disputando o Campeonato Brasileiro na sua divisão de elite, sendo que, antes, com o início da competição por pontos corridos, o Nordeste nunca havia ultrapassado o número de três participantes na Série A, quantidade que se repetiu em nove oportunidades.

Foi uma batalha importante essa que foi comprada pelos nordestinos, mas o tempo, implacável, faz com que o ajuste que eles conseguiram esteja cada dia mais próximo do fim. A competição regional só estava garantida, por força do acordo com a CBF, até 2022. Em alguns momentos, ao longo dos últimos anos, foram feitos movimentos para a renovação da competição, mas controvérsias políticas brecaram esse avanço. Embora haja sinalizações positivas, ainda não houve informação oficial sobre a continuidade da Copa do Nordeste. Essa incerteza, sem dúvidas, pode prejudicar os contratos comerciais a serem firmados nos próximos anos.

## O FIM DO MONOPÓLIO

Uma das fatias mais relevantes do orçamento de qualquer clube brasileiro é a correspondente à rubrica dos "direitos de transmissão". Diversos estudos sobre os orçamentos dos clubes mostram que a representatividade dessa remuneração chega, em média, a 40% da previsão de faturamento dos clubes brasileiros. É, portanto, um elemento fundamental para o planejamento de qualquer clube e para a própria indústria do futebol.

A situação que se consolidou durante muitos anos, no Brasil, é a de que era a Globo a grande transmissora do futebol brasileiro (tendo um período de sublicenciamento para a Band). A emissora carioca vendeu, ao longo dos anos, pacotes comerciais milionários relativos ao seu produto "futebol". Justiça se faça, se houve alguém no Brasil que soube tratar o futebol como um produto da indústria do entretenimento foi o Grupo Globo!

Foi ele quem definiu as "janelas de transmissão". Tinha a TV aberta, que, por décadas, foi seu carro chefe e principal meio de comunicação. Tinha a TV fechada, com os seus canais SporTV, que rapidamente colocaram a ESPN e os outros canais esportivos no chinelo. E, para "fechar com chave de ouro", criou ainda o sistema de pay-per-view, por meio do qual garantiu, por décadas, a transmissão de 100% das partidas do Campeonato Brasileiro. Extraiu do produto que tinha à disposição tudo o que podia.

Para além dos direitos de transmissão, o Grupo Globo passou a explorar outras facetas do produto futebol, como fez ao lançar suas transmissões lance a lance pela internet, os programas de clubes que eram divulgados no PREMIERE e até mesmo o viciante *game* Cartola FC.

Apesar disso tudo, foquemos nos direitos de transmissão. Durante um bom período, a negociação entre a vênus platinada e os clubes se dava através do Clube dos 13, entidade que representava os interesses dos times. A distribuição era desigual. Havia grupos de remuneração sem critérios claramente objetivos para justificar remunerações superiores aos demais, embora seja razoável se pressupor que era feito por conta do tamanho da torcida.

As negociações dos direitos de transmissão sempre foram complexas, e a Globo sempre soube, também, exercer sua força. O Clube dos 13 organizava uma forma de buscar a melhor proposta para a venda dos direitos dos anos de 2012, 2013 e 2014, o que, em tese, abriria a possibilidade de fechar contrato com outra emissora. Em paralelo, havia também divergências internas sobre a forma de distribuição dos recursos. Assim, alguns clubes sinalizaram que partiriam para negociar seus direitos individualmente com as emissoras. O primeiro a se desfiliar do Clube dos 13 foi o Corinthians, que abriu caminho para a implosão da entidade.

Assim, por mais alguns anos, a Globo seguiu dominando o mercado, sendo a única emissora a adquirir direitos das Séries A e B, fazendo suas negociações diretamente com os clubes. Aliás, isso, para o grupo carioca, não deixou de ser conveniente no ponto de vista de "força negocial", porque, como já foi dito anteriormente, muitas vezes os clubes vivem realidades de completa instabilidade financeira e falta de fluxo de caixa, o que lhes deixa em posições negociais fragilizadas em diversas situações.

E, assim, a Globo pilotou em céu de brigadeiro por anos e anos no mercado dos direitos de transmissão. Isso foi uma realidade incontroversa até 2015. O Grupo Globo possuía contrato com os clubes até 2018, mas, já no segundo semestre de 2015, iniciou movimentações para fazer renovações por mais dois anos, como foi narrado no capítulo em que mencionei as tratativas realizadas entre o Bahia e a emissora.

Sucede que, naquela oportunidade, alguns clubes aceitaram a proposta da emissora carioca, mas outros não. Isso chamou a atenção do mercado.

Já àquela altura, uma emissora "jovem", chamada Esporte Interativo, tinha se inserido no mercado do futebol. Foi, inclusive, parceira da Liga do Nordeste e transmitia a sua competição, dando um *show* de cobertura. Para completar, o "EI" estava em vias de ser adquirido pelo grupo TURNER, um dos maiores conglomerados mundiais de telecomunicações.

Os executivos do Esporte Interativo se atentaram para a prática do Grupo Globo, que dividiu o mercado de transmissões em "janelas". Como já dito anteriormente, eram três essas janelas: a TV aberta, a TV fechada e o *pay-per-view*. Ocorre que como a Globo sempre trabalhou essas janelas como um "grande pacote", apesar de serem objetos de contratos diferentes, aparentemente, não teve preocupação em dividir igualitariamente os valores de remuneração por essas janelas: de um lado, os clubes eram remunerados em quantia superior aos 500 milhões de reais pela "janela TV aberta", mas tinham a módica remuneração de 60 milhões de reais pela "janela TV fechada".

E foi aí que o Esporte Interativo, agora representante do Grupo Turner, viu sua janela de oportunidade, com o perdão do trocadilho. Eles não teriam interesse em brigar pela TV aberta, pela qual o grupo Globo já pagava um bom valor, mas estavam dispostos a mais do que triplicar o valor da TV fechada.

Com essa ideia, procuraram vários clubes cujos contratos com a Rede Globo seriam encerrados em 2018. Foram várias as reuniões, com diversos clubes de elite do Brasil. Alguns firmaram contrato com o Esporte Interativo; outros não, mas estiveram à mesa, dentre outros, Grêmio, Internacional, Athletico Paranaense, Coritiba, Bahia, Sport, Fluminense, São Paulo, Santos... Foram longas reuniões nas quais se discutiu, pormenorizadamente, vários itens do contrato.

Em alguns desses encontros, estiveram os presidentes dos clubes; em outros, os membros dos departamentos jurídicos. Certo é que, claramente, algumas pessoas tiveram um protagonismo nas conduções por parte dos clubes. Na minha leitura, pude dar uma importante contribuição na construção, até por conta de minha formação jurídica, mas não é possível deixar de destacar as participações de Mario Celso Petraglia, mandatário do Athletico e Marcelo Sant'Ana, então presidente do Bahia.

A principal mudança que aquela negociação trouxe para o futebol brasileiro, sem dúvidas, foi a importação do modelo inglês de divisão do dinheiro. Diferentemente do que existia no Brasil, com negociações individuais definindo a remuneração dos clubes, o que se buscou, naquele contrato, foi estabelecer uma remuneração que seria variável ano a ano, a depender da quantidade de clubes sob contrato com a Turner que estivessem disputando a Série A do Brasileiro. Em seguida, a repartição seria 50% por igual entre todos os clubes; 25% dividida por critério técnico, com os clubes mais bem colocados fazendo jus a uma fatia maior de remuneração; e os últimos 25% eram distribuídos conforme a audiência que os clubes gerassem para a contratante.

Essa foi uma bandeira que os clubes defenderam com veemência. Lembro de, enquanto me dirigia à reunião na qual trataríamos desse ponto, ter recebido uma ligação de meu primo, que era torcedor do time rival ao meu com quem sempre brincava e fazia provocações futebolísticas. Ele me perguntou o que eu estava fazendo, sem sequer saber que eu estava no Rio de Janeiro para tratar desse assunto. Respondi prontamente em tom pomposo: "Mudando o futebol brasileiro".

Naturalmente, esse foi um diálogo informal e zombeteiro entre familiares, mas ele não deixa de ter alguma verdade. Claro que ninguém que participou daquelas negociações fez nada sozinho, mas tenho muito orgulho de ter contribuído para a assinatura daquele contrato que, não tenho dúvidas, além de financeiramente muito bom para o clube que eu representava, gerou relevantes impactos no futebol brasileiro.

Além da ruptura de paradigma, com o "fim do monopólio" de transmissões por parte da Globo, a emissora carioca finalmente percebeu que, diante de uma ameaça real, precisava negociar de verdade. Assim, a Globo também modificou a forma de remuneração dos seus contratos. Hoje, as janelas de TV aberta e TV fechada têm um modelo similar ao da Liga Inglesa, mas com uma distribuição um pouco diferente: 40-30-30. Desse modo, 40% da verba é dividida por igual, 30% de forma proporcional à quantidade de transmissões que cada clube tem durante a temporada e 30% de acordo com a posição final na tabela da competição.

Isso tornou a divisão de dinheiro entre os clubes muito mais justa. Infelizmente, contudo, essa mudança de paradigma ainda não atingiu a remuneração da janela *"pay-per-view"*, a qual ainda traz uma relevante diferenciação nas remunerações aos clubes, mas é inegável que, no cenário geral, houve uma melhora acentuada em comparação com o modelo que existia anteriormente.

É de se destacar, ainda, que a concorrência pela aquisição dos direitos de transmissão é algo altamente relevante para os clubes de futebol. Ora, os clubes são geradores de conteúdo. A partida de futebol é o seu "conteúdo *premium*". Como então, poderiam negociar bem seu melhor conteúdo se no mercado inteiro apenas um comprador se interessava por ele? Como poderia ser potencializado o valor do produto se o mercado achava que, independentemente de qual proposta fosse apresentada, os clubes sempre ficariam com a Globo?

Em 2019, primeiro ano em que os direitos de transmissão tiveram dois compradores, o público enfrentou uma série de problemas. No Brasil, o direito de transmissão era compartilhado — detalharemos o significado disso no próximo tópico — e isso fez com que existissem partidas em que um clube era contratante da Turner e outro era contratante da Globo. Nesses casos, poderia acontecer de a partida não ser transmitida na TV fechada, e, a depender das negociações dos clubes com a Globo (ainda monopolista nas janelas de TV aberta e *pay-per-view*) o jogo poderia ficar sem qualquer transmissão pela TV.

Não se faz uma omelete sem quebrar ovos. Toda revolução traz dor de cabeça e, até 2021, todos precisaram se adaptar a essa nova realidade posta, com dois *"players"* no mercado de transmissão. Em paralelo, houve celeumas com a Turner, que, por questões legais, ao adquirir outra grande empresa no Brasil, teve que abrir mão dos canais Esporte Interativo, o que gerou um desgaste com os clubes com quem firmou contrato, pois as partidas deixaram de ser transmitidas em canais esportivos, para serem em outros canais fechados do conglomerado (TNT e Space).

Outro problema se deu quando o grupo americano conseguiu assinar com o Palmeiras para transmitir seus jogos. Em tese, essa era uma grande aquisição para o seu pacote de clubes sob contrato, mas havia informações no sentido de que teria sido pago um valor de luvas (prêmio por assinatura do contrato) superior ao que havia sido pago aos demais clubes, o que era proibido contratualmente. Uma grande celeuma aconteceu, mas terminou com clubes e Turner firmando um novo acordo.

Os contratos vinham sendo executados, mas, por ocasião da pandemia e de outros desgastes nas relações, a Turner informou aos clubes que não mais transmitiria as partidas do Campeonato Brasileiro a partir de 2022. Em paralelo a isso, ainda existiu uma guerra política e jurídica, a qual poderá impactar ainda mais o mercado dos direitos de transmissão e a atuação das emissoras no mercado nacional. Isso nós veremos no tópico a seguir.

## A LEI DO MANDANTE

Em 18 de junho de 2020, o presidente da República, Jair Bolsonaro, fez publicar uma Medida Provisória que chacoalhou o mundo do futebol. O objetivo, entre outras mudanças legislativas, era alterar o regime jurídico dos direitos de transmissão das entidades de prática desportiva.

A MP n.º 984/2020 basicamente mudou a redação do artigo 42 da Lei Pelé (Lei n.º 9.615), como podemos ver a seguir, observando a redação nova e a anterior:

Redação anterior:

> Art. 42. Pertence às entidades de prática desportiva o direito de arena, consistente na prerrogativa exclusiva de negociar, autorizar ou proibir a captação, a fixação, a emissão, a transmissão, a retransmissão ou a reprodução de imagens, por qualquer meio ou processo, de espetáculo desportivo de que participem.

Nova redação:

> Art. 42. Pertence à entidade de prática desportiva mandante o direito de arena sobre o espetáculo desportivo, consistente na prerrogativa exclusiva de negociar, autorizar ou proibir a captação, a fixação, a emissão, a transmissão, a retransmissão ou a reprodução de imagens, por qualquer meio ou processo, do espetáculo desportivo.
>
> [...]
>
> § 4º Na hipótese de eventos desportivos sem definição do mando de jogo, a captação, a fixação, a emissão, a transmissão, a retransmissão ou a reprodução de imagens, por qualquer meio ou processo, dependerá da anuência de ambas as entidades de prática desportiva participantes.

Vamos focar em como as coisas funcionavam antes da MP. Apesar da redação anterior da lei não ser específica, consolidou-se o entendimento de que, para que fosse possível a transmissão de uma partida de futebol, era necessária a anuência dos dois clubes participantes do jogo, já que, mesmo se considerássemos que a lei dava a cada um o direito de autorizar a transmissão, conferia também o direito de proibir, ou seja, caso uma equipe negociasse a transmissão e a outra não, bastaria que essa segunda exercesse o seu direito de proibição, para que o espetáculo não fosse transmitido.

Foi com base nessa interpretação jurídica (e com base, também, na prática) dos chamados "direitos compartilhados", que foram firmados os contratos de cessão de direitos de transmissão referentes aos jogos de futebol no Brasil através das mais diversas plataformas — já denominadas "janelas de transmissão" —, sendo as mais tradicionais a TV aberta, a TV fechada e o *pay-per-view*.

Anteriormente, como existia uma negociação coletiva dos direitos de transmissão pertencentes aos clubes — por meio do Clube dos 13 —, não havia qualquer dificuldade para a execução dos acordos feitos; afinal, todos os clubes negociavam conjuntamente através da instituição. Posteriormente, mesmo com a substituição da negociação coletiva por acordos individuais, todos os clubes mantiveram, inicialmente, acordos com a mesma emissora, a Rede Globo, mantendo o *status quo*. Isso fazia com que 100% dos jogos do Campeonato Brasileiro fossem exibidos em todas as "janelas de transmissão", pela vênus platinada.

A situação ganhou contornos mais relevantes quando, em 2016, alguns clubes do futebol brasileiro optaram por ceder seus direitos de transmissão para a TV fechada, referentes aos Campeonatos Brasileiros de 2019 a 2024, a uma emissora diversa: o Esporte Interativo, adquirido pelo gigantesco grupo Turner, como dito no tópico anterior. Isso gerou a situação na qual clubes participantes de um mesmo jogo poderiam ter contratos de transmissão com emissoras diferentes.

Nesse novo contexto, o que acontecia era o seguinte: ao assinar um contrato de cessão de direito de transmissão, somente eram cedidos os direitos dos jogos que fossem realizados contra os demais times que houvessem negociado com o mesmo grupo de mídia. Tanto era assim que negociações foram feitas tomando por base um valor hipotético, em que todos os jogos pudessem ser transmitidos, e o valor realmente devido dependeria de quantos signatários estivessem participando do campeonato, em cada ano, que seria o que determinaria o número de jogos que poderiam ser exibidos.

Dessa forma, falando exemplificativamente dos times que disputaram a Série A do Campeonato Brasileiro em 2020, tivemos um cenário em que Athletico-PR, Bahia, Ceará, Coritiba, Fortaleza, Internacional, Palmeiras e Santos cederam à Turner os direitos relativos a 14 dos 38 jogos que fizeram durante a competição daquele ano — justamente os jogos que teriam entre si.

Por outro lado, outros 12 clubes cederam ao Grupo Globo, para a transmissão no canal SporTV, os direitos relativos a 22 jogos, dentre os 38 que fariam, durante o Campeonato Brasileiro de 2020.

Portanto, dos 380 jogos do Campeonato Brasileiro 2020, em relação à janela de TV fechada, 110 partidas poderiam ser transmitidas pela Globo, 56 poderiam ser transmitidas pela Turner e — atenção para o próximo número — **214 jogos não poderiam ser transmitidos por nenhuma das duas**.

Juridicamente, um grande problema estaria à vista, quando a MP estava em vigor! A grande questão seria determinar quais os efeitos que decorreriam da edição da medida provisória para os contratos de cessão de direito de transmissão.

A mudança da lógica dos Direitos Compartilhados para o Direito do Mandante trazia muitas perguntas e incertezas. O cenário jurídico é bastante controverso, e isso refletiu em litígios judiciais que pudemos acompanhar no Campeonato Carioca. O Flamengo transmitiu seus jogos como mandante pelo seu canal no YouTube; a Globo, então, alegou quebra de contrato de todos os demais clubes, por conta da conduta do rubro-negro (com quem não tinha contrato)... enfim, o caos foi grande. Porém, como já dito, nunca vi revolução sem um certo nível de bagunça.

Uma coisa é certa, contudo, não havia dúvidas de que os contratos firmados sob a vigência da norma anterior continuam valendo. Eles se enquadram no conceito de "ato jurídico perfeito" e não podem ter sua validade questionada em razão de edição de lei ou medida provisória posterior. Esse, inclusive, foi o argumento utilizado na nota oficial emitida pela Globo, especificamente em relação à possibilidade de transmissão do jogo Bangu x Flamengo, que a emissora carioca não quis transmitir, uma vez que, embora tivesse contrato para transmitir os jogos do alvirrubro (mandante daquela partida), não havia assinado contrato com o rubro-negro.

Apesar de entender que o fundamento utilizado pela Globo para falar sobre a validade do contrato está correto, é preciso discordar veementemente da conclusão a que a emissora carioca chegou, em clara construção direcionada a defender seus próprios interesses, ao afirmar que a medida provisória não afetava os direitos já cedidos, seja para temporadas atuais, seja para futuras.

Poderíamos, aqui, gastar algumas boas páginas expondo questões jurídicas, defendendo que a linha sustentada pela Globo era absolutamente equivocada, mas isso seria um exercício vazio, pois a Medida Provisória acabou "caducando". Em *juridiquês*, dizer que a MP caducou significa que ela não foi votada pelo Congresso Nacional dentro do prazo estabelecido e, consequentemente, perdeu sua eficácia.

A grande verdade é que a MP do Mandante foi concebida por linhas tortas. De acordo com o noticiário da bola e dos bastidores políticos, foi oriunda de uma articulação do Flamengo junto ao presidente da República. O clube carioca, em litígio com a Globo, por conta da transmissão do campeonato estadual, e o presidente, inimigo declarado da emissora. Não foram ouvidos outros clubes, que se sentiram excluídos e, por isso, argumentam que uma construção coletiva traria maior legitimidade à Medida Provisória.

Mesmo com esses senões na elaboração da MP, o fato é que uma mudança como a estabelecida por ela geraria um fruto interessantíssimo para a indústria do futebol. Ela mudaria o jogo de poder, transferindo mais propriedades para cada clube, individualmente, e, também, estimularia uma visão mais coletiva de construção do futebol (na opinião deste autor, a matemática deixa claro que a negociação coletiva é mais vantajosa quando se tem direitos dos mandantes em lugar dos compartilhados).

Entretanto, como já estamos acostumados com tudo de ruim no futebol, muita gente fica cética. Pior: muitos criaram predisposições negativas, pelo fato da origem de toda essa discussão ter se dado pelo movimento de um clube que, historicamente, adota posturas mais "individualistas", junto a um líder político claramente controverso, que é o então presidente da República (que polariza opiniões).

Problemas de concepção à parte, o certo é que existiam, no Congresso Nacional, inúmeros Projetos de Lei que poderiam trazer mudanças ao esporte, mas, historicamente, andavam em marcha lenta (ou seria marcha à ré?). Não fosse a controvertida MP do Mandante — que foi apelidada, por muitos, de "MP do Flamengo" — o fato é que ninguém teria discutido sobre os direitos de transmissão, no Brasil, no ano de 2020.

Muitas pessoas foram contrárias à MP, alegando que a controvérsia jurídica decorrente dessa situação bagunçou o futebol brasileiro. Discordo desse posicionamento veementemente. A Medida Provisória não bagunçou nosso futebol; apenas expôs um pouco mais a enorme bagunça que já existia.

Como diz o título desse capítulo, o binômio "Ordem e progresso" só existe na bandeira. Se é para mudar as coisas de verdade, é preciso, mesmo, um pouco de desordem. Nunca vi uma revolução ordeira. Quanto antes começarmos essa bagunça, melhor.

A prova disso é que, em 20 de setembro de 2021, o presidente da República sancionou a Lei do Mandante (Lei n.º 14.205/2021) que não apenas reiterou as bases da Medida Provisória n.º 984/2020, como, ainda, trouxe fim à maior parte dos problemas de interpretação sobre sua aplicação. Isso ocorreu ao estabelecer que a nova forma de tratar os direitos de transmissão não se aplicaria a contratos celebrados previamente à vigência da nova lei, mas tais contratos não poderiam atingir os clubes que não cederam seus direitos de transmissão para emissoras anteriormente, dando-lhes a liberdade de negociá-los livremente, já sob a égide da Lei do Mandante.

Em bom português: quem já tinha contrato tem que manter o que foi pactuado. Quem não tinha contrato, pode atuar de acordo com a Lei do Mandante. Se voltarmos ao problema ocorrido no Campeonato Carioca, veremos que o contrato entre os clubes cariocas e a Globo seria válido, e não teria sido desrespeitado nem pelo Flamengo (que atuou de acordo com a legislação vigente, na época, sem ter seu direito afetado por negociações de terceiros) nem pelos demais clubes, que seguiriam cedendo os seus direitos de transmissão "compartilhados" para a Globo.

## LIÇÃO NÚMERO 7:

# MELHOR PEDIR "DESCULPA" DO QUE PEDIR "POR FAVOR"

Essa foi uma lição que eu demorei um pouco de aprender, mas que, uma vez compreendida, foi extremamente libertadora.

Atuar na gestão de futebol, num cargo político, é algo extremamente diferente de ser contratado pelo clube como um executivo. Os dirigentes políticos, usualmente, estabelecem as diretrizes gerais e estratégicas e, em alguns casos, como o meu, também partiam para viabilizar sua execução. Em muitos outros clubes, entretanto, os dirigentes estatutários não colocam tanto a mão na massa quanto os funcionários técnicos, os executivos.

O trabalho dos dirigentes remunerados (técnicos), por sua vez, tem um viés muito mais operacional, e só tem um alcance estratégico quando isso é oportunizado pelos políticos. Esses estabelecem as diretrizes que são cumpridas por aqueles. Há uma hierarquia lógica nas coisas.

Mesmo entre os dirigentes do mesmo tipo, há, também, hierarquia. A última palavra sempre caberá ao presidente (na maioria dos clubes, exceto em caso de existência de previsão estatutária diferente). Isso me colocava numa situação bastante peculiar, especificamente no meu período como VP: eu era um dirigente político, mas exercia trabalho executivo, uma vez que tinha dedicação exclusiva ao clube e era remunerado por isso, e ainda tinha outra pessoa hierarquicamente superior a mim, que era o então presidente, Marcelo Sant'Ana.

Eu e Marcelo não nos conhecíamos antes do processo eleitoral no qual formamos chapa e nos sagramos vencedores (mesmo tendo entrado como azarões). Conversamos bastante, no período de campanha, e percebemos que havia muitas ideias convergentes, mas não tínhamos uma relação de amizade ou mesmo de confiança. Isso só foi construído com o tempo.

Exercer uma vice-presidência não é algo simples. O indivíduo não pode deixar de buscar atuar, mas não pode, também, parecer querer o protagonismo do presidente. E, numa democracia tão jovem quanto a do Bahia, não havia muito histórico de como deveria ser a relação entre os dois gestores políticos do clube.

De saída, eu e Marcelo nos debruçamos sobre a situação do clube, cada um do seu jeito e com seu foco, para tentar dominar tudo o que acontecia por ali. Marcelo, por sua atuação profissional, tinha um conhecimento maior sobre detalhes do futebol e sobre como lidar com atletas. Também tinha um maior entendimento sobre o *marketing*. Já eu, por conta de minha formação, entendia bastante das questões jurídicas e administrativas, então, de saída, essa foi uma "divisão" natural do trabalho. Só que, sendo apenas dois gestores políticos, nenhum de nós queria deixar de ter domínio sobre cada área do clube. Então, acabamos compartilhando praticamente tudo.

As grandes decisões eram tomadas em reuniões de diretoria, que ocorriam semanalmente, nas quais se juntavam a nós os nossos diretores contratados (futebol, administrativo/financeiro e mercado), além do nosso assessor jurídico, que secretariava as reuniões.

Ocorre que, ocasionalmente, na minha leitura, especialmente na primeira metade do mandato, Marcelo ensimesmava-se um pouco. Por ser uma pessoa que se cobrava demais, buscava tomar as decisões com extremo critério e cuidado, ele, por vezes, ainda que sem querer, excluía algumas pessoas do processo decisório, seja porque refletia sozinho, seja porque o próprio exercício da presidência fazia com que viajasse bastante, ou até mesmo por acabar dialogando diretamente com os gestores das pastas mais relevantes para tomada de decisão sem, necessariamente, ouvir outras opiniões.

Isso, em determinado ponto, acabou me incomodando bastante, notadamente quando percebi, em 2016, que eu não estava tendo a participação que gostaria nas definições dos rumos do departamento de futebol. O ano de 2015 já havia sido fracassado exatamente por conta do insucesso desse departamento, o que nos fez mudar o líder do setor, não renovando o contrato do então diretor Alexandre Faria (que tínhamos contratado após trabalho no América-MG) e trazendo Nei Pandolfo (que havia feito uma excelente temporada no Sport, tendo ajudado o clube pernambucano numa campanha surpreendente no Campeonato Brasileiro).

No meio de 2016, o Bahia tinha perdido o campeonato baiano e sido eliminado nas semifinais da Copa do Nordeste. Vinha com resultados abaixo da expectativa na série B, mesmo tendo montado um elenco de qualidade para a competição. A crise se estabeleceu, e entendemos que era necessário promover mudanças no time, que começaram pela demissão do então treinador Doriva e sua comissão.

Foi nesse período, de extrema necessidade de decisões importantes, que Marcelo e eu tivemos uma de nossas principais crises. Ele viajou com a delegação do clube para dois jogos seguidos, fora de casa, sob o comando de treinador interino, e eu fiquei em Salvador. Nós nos falamos pouco naqueles dias. Ele ficou muito próximo de Nei Pandolfo, com quem trabalhou para buscar o novo treinador. Eder Ferrari, nosso gerente de futebol também estava um pouco alijado do processo, especialmente, soube depois, por divergências que tinha com Nei.

Tínhamos um consenso sobre o nome que gostaríamos de buscar naquela oportunidade: Guto Ferreira, então treinador da Chapecoense. Ele já havia sido nosso alvo desde o início da temporada, mas como renovou, ainda no ano anterior, com o clube catarinense, essa ideia acabou sendo abortada. No final, essa negociação deu certo, e conseguimos trazer o "Gordiola" para sua primeira passagem no Bahia.

Porém, quando Marcelo voltou, tivemos uma conversa séria e particular. Eu externei minha insatisfação com a forma como o processo foi conduzido. A falta de diálogo entre nós fazia com que me sentisse engessado para adotar medidas que achava importantes, justamente para não parecer que estava tentado tomar o protagonismo dele. Marcelo foi muito simples e objetivo na sua resposta: *Pedro, você é o vice-presidente do clube. Faça o que você quiser e achar certo. Se eu não gostar, a gente conversa depois e tenta resolver.*

A partir desse diálogo, minha atuação no clube mudou completamente. Fiquei muito mais à vontade para conduzir as questões que julguei relevantes e falei para mim mesmo uma frase que foi uma "virada de chave", não apenas para meu trabalho no Bahia, mas para diversos temas de minha vida: *é melhor pedir "desculpa" do que pedir "por favor".* Isso virou quase um mantra. É um hino à proatividade sem receio de melindres políticos.

A conversa franca e direta com Marcelo Sant'Ana foi suficiente para assimilar essa lição, mas, quando tive esse entendimento, percebi que, na verdade já tínhamos praticado algo similar em algumas oportunidades! A convocação da assembleia geral de sócios, à revelia do entendimento do conselho deliberativo, para aprovar o "voto on-line", foi um exemplo, mas, a seguir, veremos outro, bem interessante, que comprova a lógica de que é melhor se desculpar do que pedir permissão.

## QUEBRANDO PARADIGMAS

Em capítulo anterior, mencionamos que mudanças no futebol tendem a vir de movimentos de ruptura. Com menos ordem e mais embate. Essa realidade comprovou-se em exemplos práticos, já narrados. Em escala menor, na defesa do interesse do clube em questões pontuais, também é possível verificar que uma atitude proativa e, eventualmente, agressiva, pode ser fundamental para conseguir resultados interessantes.

O Bahia tem como tradicional mando de campo o estádio da Fonte Nova. Em 2007, ocorreu uma tragédia que vitimou sete torcedores, e, depois disso, o local foi interditado. Com o Brasil se tornando sede da Copa do Mundo de 2014, definiu-se que o estádio seria reconstruído, agora como arena de nível europeu. Para isso, o governo fez uma Parceria Público--Privada, que acabou entregando a gestão do equipamento ao consórcio Fonte Nova Negócios e Participações, que era liderado por duas grandes empreiteiras: OAS e Odebrecht.

A Fonte Nova Negócios e Participações firmou contrato com o Bahia, ainda no fim de 2012, antes mesmo da intervenção judicial pela qual o clube passou (também antes da operação Lava Jato, que atingiu, justamente, as empreiteiras que compunham o consórcio, embora esse, efetivamente, nunca tenha sido afetado). No contrato firmado, estava garantido que o Bahia mandaria seus jogos na nova arena até abril de 2015.

Como iniciamos nosso trabalho no clube em dezembro de 2014, tivemos poucos meses para viabilizar uma negociação que proporcionasse uma renovação interessante para o clube, inclusive porque, àquela época, o consórcio comercializava planos de acesso anual ao estádio! Conduta essa que o nosso departamento de *marketing* entendia competir com os produtos que o clube pretendia lançar, como planos de sócio com acesso garantido às partidas, por exemplo. A verdade é que o contrato firmado anteriormente não contemplava uma série de elementos que a nova gestão julgava fundamentais, de modo que uma renovação não seria algo simples, demandando a revisão de vários quesitos negociais.

Politicamente, entretanto, por se tratar de uma PPP, havia o entendimento geral de que o Bahia seria refém da situação por diversos motivos: 1) o clube não possui estádio privado; 2) o consórcio tinha apoio do governo estadual que, inclusive, precisaria fazer aportes em caso de sua operação anual ser deficitária; 3) o outro possível mando de campo do Bahia seria o Estádio Metropolitano de Pituaçu, que o clube já utilizou em diversas oportunidades, mas que pertence ao governo — o qual teria o item anterior com que se preocupar; e 4) havia uma informação de que, no contrato entre o governo do estado da Bahia e o consórcio, existiria uma previsão de que a este era dado o poder de vetar que o Bahia utilizasse o estádio de Pituaçu.

A diretoria do Bahia optou por não levar em conta todos esses fatores e tratou a renovação contratual como um negócio entre duas partes: o clube e a Fonte Nova Negócios e Participações. Sucede que as tratativas não avançavam. O contrato finalizaria no dia 7 de abril de 2015. As negociações não estavam nem sequer perto de um consenso.

Diante desse cenário, o clube convocou a imprensa, para a divulgação de seu posicionamento sobre o assunto, justamente após a última partida que havia realizado, no estádio da Fonte Nova, sob vigência do contrato. A seguir, reproduzo a nota.

*À Nação Tricolor,*

*O Esporte Clube Bahia, através da sua Diretoria Executiva, agradece publicamente à Fonte Nova Negócios e Participações pelos dois anos de parceria, iniciada no dia 7 de abril de 2013. Juntos, Clube e consórcio cresceram e amadureceram. No período, enquanto a Arena renasceu como sede da Copa do Mundo de 2014, o Bahia, graças à força da sua torcida, tornou-se democrático.*

*A Fonte Nova é, sem dúvida, a casa de todos nós, tricolores. Torcedor se faz na arquibancada. E na Fonte a torcida do Bahia se consolidou como a maior do estado, do Nordeste e uma das maiores do Brasil. Na Fonte Nova, o Brasil se apaixonou pelo Bahia.*

*Um amor correspondido. Amor de pais e filhos. E filhos, todos sabemos, nós criamos para o mundo. O Bahia, repito, graças à força da Nação Tricolor, é um Clube livre e democrático. Livre para tomar suas próprias decisões. Democrático para saber ouvir cada um.*

*Durante quase quatro meses, a atual Diretoria Executiva, eleita pelos sócios, negociou a renovação do contrato com o consórcio responsável pela administração da Arena. Procurou valorizar a Torcida de Ouro. Tentou transformar a Arena em nosso caldeirão. Sem sucesso.*

*O Bahia, apesar das conversas, não recebeu uma única proposta na qual a torcida e o Clube fossem valorizados. O Clube entende as dificuldades do consórcio e respeita a postura da Fonte Nova Negócios e Participações, uma empresa privada.*

*Mas, assim como o consórcio busca legitimamente garantir sua operação e seus interesses, a Diretoria Executiva tem a obrigação de defender os interesses do Clube e da Nação Tricolor. É dever da*

> *Diretoria proteger, valorizar e respeitar os sócios e os torcedores que dão a vida pelo Bahia. Não se pode fechar os olhos diante dos repetidos problemas e da falta de soluções.*
>
> *Para nós, tricolores, estádio, futebol e Bahia não são matemática financeira. São nossa vida, nosso orgulho, nosso amor.*
>
> *Por já não ter mais partidas como mandante até o dia 7 de abril, quando acaba o contrato com a Fonte Nova Negócios e Participações, o Bahia comunica que, a partir de agora, seu mando de campo oficial voltará a ser Pituaçu, estádio público usado por clubes da capital e do interior.*
>
> *O Bahia continua disposto a negociar para jogar na Arena Fonte Nova, desde que o consórcio valorize, trate bem e respeite a torcida tricolor.*
>
> *Quem dá vida a um estádio é a torcida do Esporte Clube Bahia.*

Esse comunicado caiu como uma bomba.

A torcida do Bahia adorou, pois o viu como uma prova de altivez. Muitos estavam desgostosos com a "gourmetização" da Arena de Copa do Mundo e com a operação de jogo que, naqueles primeiros anos, apresentou alguns problemas.

Já o consórcio ficou bastante chateado. Alegou ter sido surpreendido. Disse que não havia sido comunicado pelo clube de sua intenção terminativa, muito embora soubesse que o prazo do contrato estava acabando e nenhum acordo estivesse próximo de ser atingido.

O governo do estado da Bahia, soubemos depois, ficou possesso. Sentiu-se surpreendido (apesar de nunca ter buscado contato direto com a diretoria do clube) e entendeu a indicação do estádio de Pituaçu como novo mando de campo do clube como uma afronta, pois nem sequer foi consultado a esse respeito.

Mas o fato político foi criado. O fim do contrato foi anunciado. E a partir daí as coisas começaram a acontecer.

A primeira medida de que me recordo foi a convocação do Esporte Clube Bahia, pelo Ministério Público do Estado para uma audiência com representantes do governo e do consórcio. O presidente Marcelo Sant'Ana não quis ir a esse evento e incumbiu-me da missão. Primeiro, ele entendia que o clube não poderia ser "convocado" — no máximo, "convidado". Detalhes técnicos à parte, até pela minha formação jurídica, não havia maiores problemas de eu ser o representante do clube naquela ocasião.

Foi até bom que o presidente não tivesse ido àquela reunião, pois, certamente, seria causa de grandes divergências. O principal foco da procuradora que convocou aquele encontro era deixar claro que havia, de fato, uma cláusula no contrato entre consórcio e governo, que trazia a previsão de que poderia haver o veto de utilização do estádio de Pituaçu. Nem sequer entrarei nos detalhes jurídicos, mas essa cláusula, no meu entendimento e no de diversos outros juristas consultados, era absolutamente ilegal. Porém, ainda assim, a procuradora seguiu com sua condução da audiência e terminou com a afirmação categórica de que o clube não poderia jogar em Pituaçu e que deveria renovar o contrato com a Fonte Nova.

A forma como respondi àquela abordagem não é como eu teria respondido hoje, mais experiente e vivido. Porém, no auge dos meus 30 anos recém-completados, empoderado por uma eleição bastante recente e, mais ainda, confiante e entusiasmado com a jovem democracia do clube, decorrente da intervenção judicial, a resposta veio de imediato, sem muita ponderação: *Doutora, o Esporte Clube Bahia é uma associação democrática. A gestão é presidencialista. Então, com todo respeito, quem diz o que o Clube vai fazer ou não é nosso presidente, Marcelo Sant'Ana, e, na ausência dele, quem fala sou eu. Se a senhora quiser dizer o que o Bahia pode ou não pode fazer... a próxima eleição é em dezembro de 2017.*

Obviamente não houve qualquer consenso naquela reunião.

Entretanto, o governo do estado estava preocupado. As sinalizações de que o Bahia não aceitaria imposição de uma cláusula contratual, em que nem sequer figurava como parte, já tinha sido dada de forma muito clara. Além disso, a avaliação jurídica bem amparada era de que um eventual litígio judicial, além de ter uma possível vitória do clube, poderia causar um grande desgaste político. E aquela diretoria do Bahia não tinha nenhuma preocupação com política. Na visão das outras partes, aquela situação precisava ser resolvida sem maiores desgastes.

A comunicação da pretensão terminativa do Bahia, com mais de uma semana de antecedência, ao fim formal do contrato permitiu um processo acelerado para que terceiros, que não o clube, movessem peças no tabuleiro para tentar resolver aquela situação.

Fato é que no dia 1º de abril, com intervenção do governo do estado, foi agendada uma reunião entre o clube, o consórcio e representantes do próprio governo. A pauta era simples: resolvam o problema. Foram mais de seis horas de reunião, mas, ao final, chegou-se a um consenso. Naturalmente, um contrato com a complexidade do que fora negociado não seria redigido em poucas horas, então, entendeu-se por firmar um aditivo, enquanto os detalhes eram azeitados pelos departamentos jurídicos das partes. No dia 2 de abril, o Bahia publicou uma nova nota:

*À Nação Tricolor,*

*O Esporte Clube Bahia, a Fonte Nova Negócios e Participações e o Governo do Estado da Bahia confirmam a renovação do contrato entre o Clube e o Consórcio por três anos.*

*No novo modelo de contrato, haverá decisões compartilhadas entre Clube e Consórcio sobre o preço dos ingressos, operação das bilheterias e acesso ao estádio em dias de jogos com mando de campo do Bahia.*

*Esta opção busca melhorar a qualidade do serviço oferecido aos torcedores do Bahia e, progressivamente, transformar a Fonte Nova na Casa do Esquadrão, local onde somos respeitados, tratados com dignidade e ganhamos títulos. Graças a esta integração, teremos direito a Loja Oficial, Memorial, sede administrativa, Central de Atendimento ao Sócio, vestiário e banco de reservas fixos. Na Fonte Nova, nos tornamos grandes. Através da Fonte Nova, seremos ainda maiores.*

*Os bancos de dados do Bahia e da Arena vão ser sincronizados, facilitando, futuramente, a oferta de benefícios aos sócios e agilizando a entrada destes ao estádio.*

*Outra novidade é que, além da garantia mínima de R\$ 6 milhões, o Bahia terá participação em receitas diretamente relacionadas aos jogos, como a própria bilheteria, mas também camarotes, Lounge e catering (alimentos e bebidas). O percentual repassado ao Clube pelo contrato de naming rights/official supplier também terá acréscimo.*

*Caso a média de público anual seja, por exemplo, de 15 mil torcedores, o Bahia terá direito a uma contrapartida no valor de R\$ 12,3 milhões, valor 20% superior ao pago no contrato anterior. Não existe teto máximo. Ou seja: quanto maior o público pagante, maior a receita destinada ao Clube.*

*As receitas de estádio, sem considerar o potencial de crescimento do sócio torcedor, que sai fortalecido após este acordo, já se estabelecem como a segunda maior fonte de renda do Clube.*

*A Diretoria Executiva agradece à Fonte Nova Negócios e Participações pela parceria junto ao Clube e ao Governo do Estado da Bahia pela serena mediação para chegarmos a um entendimento benéfico a todos. A Diretoria Executiva também agradece ao Conselho Deliberativo pela parceria e união em prol do Esporte Clube Bahia e valoriza, principalmente, a postura proativa da Nação Tricolor, sempre ativa e parceira na defesa dos interesses do Clube. É pela alegria e pelo orgulho da torcida em vestir as cores do Bahia que nós trabalhamos. Seja sócio!*

Sendo proativo, não se preocupando em pedir licença aos *players* de alta relevância, o Bahia conseguiu, nesse episódio, firmar um contrato excepcional, o qual lhe proporcionou diversos ganhos, no longo prazo, não apenas pela contraprestação financeira imediata, mas, principalmente, por ter sido a mola propulsora do novo modelo de plano de sócios, com acesso garantido ao estádio, que fez com que, ao longo de cinco anos, o crescimento do quadro social do Bahia fosse superior a 300%.

## POLÍTICA DA BOA VIZINHANÇA?

No futebol, existem várias práticas usuais que, embora não obrigatórias, são de bom-tom. A cortesia é fundamental na manutenção das boas relações, e, justiça se faça, em muitos casos, a adoção de condutas egoístas por um ou outro clube é fator que, muitas vezes, impede a evolução do futebol brasileiro como um todo.

Por outro lado, em algumas situações, é bastante complicado manter posturas politicamente corretas, pois, infelizmente, é muito usual observar que ocorrem diversas injustiças no mundo do futebol.

Em 2016, houve um caso bastante controverso no futebol brasileiro e no Direito Desportivo! Foi o caso "Victor Ramos". Falaremos detalhadamente sobre ele mais adiante. O fato é que, por conta dele, os ânimos entre as torcidas e diretorias de Bahia e Vitória ficaram um pouco mais "apimentados" que o usual.

Eis que, naquele ano, a final do campeonato Baiano seria um Ba-Vi. Por ter melhor campanha, o tricolor decidiria o título jogando em casa.

Na primeira partida, apitada por Anderson Daronco, o time rubro-negro saiu vencedor por 2 a 0, tendo aberto o placar com um pênalti inexistente (e há os que são contrários ao VAR...), assinalado pelo árbitro gaúcho. A decisão foi grotesca. O erro foi claro e influenciou, direta e decisivamente no resultado da partida, apimentando ainda mais as relações que já estavam claramente desgastadas.

Havia alguns dias antes do jogo da volta. Ainda insatisfeito com a arbitragem e com a conduta da diretoria do Vitória na controvérsia relativa ao atleta Victor Ramos, sugeri ao presidente que não vendêssemos ingressos para a torcida rival no jogo de volta.

Os clubes não têm obrigação legal de reservar 10% dos ingressos para a torcida visitante, diferentemente do que pensam muitos apaixonados pelo futebol. O que existe é uma previsão de que o time visitante tem a prerrogativa de, em até três dias antes da realização da partida, adquirir até 10% dos ingressos para sua torcida. Caso isso não ocorra, o mandante tem a liberdade de dispor dos ingressos como bem entender.

Marcelo não aceitou a proposta. Entendeu que aquilo geraria um grande desgaste político — o que é verdade. Dessa forma, o segundo Ba-Vi decisivo daquele ano ocorreu com presença de ambas as torcidas. O Bahia venceu por 1 a 0. Já no final do segundo tempo, outro árbitro gaúcho, Leandro Vuaden, deixou de marcar um pênalti escandaloso (VAR, cadê você?) para o tricolor. Com o triunfo tricolor por apenas um gol, o Vitória se sagrou campeão baiano de 2016.

Essa história pode parecer "solta" e não tão relevante agora, mas explica parcialmente a entrevista que concedi, em 2017, já mencionada anteriormente, e, também, gerou impactos em outras situações que serão pormenorizadas mais adiante.

## RECORDES DE PÚBLICO

A torcida do Bahia é muito fiel e se destaca, especialmente, pela sua constante presença nos estádios, mesmo em situações altamente desfavoráveis do clube. Foi assim que a "nação tricolor" bateu recordes de público no país, mesmo com o Bahia disputando a Série C do Campeonato Brasileiro. Em 2010, esse destaque foi reconhecido na premiação oficial "Craque do Brasileirão", quando o Bahia, que obteve o acesso à Série A naquele ano, recebeu o troféu de "Torcida de Ouro", pelo destaque que seus adeptos tiveram na campanha que levou à promoção.

Sucede que a nova Fonte Nova, em formato de arena, possui uma capacidade de público muito inferior à do antigo estádio, que chegou a receber mais de 100 mil torcedores em algumas partidas históricas. Agora a lotação da arena chegou a superar a casa dos 50 mil, em algumas partidas da Copa do Mundo de 2014, pois, para aquela competição, foi instalada uma estrutura móvel de arquibancada, tal qual um "tobogã", na praça sul, onde, tradicionalmente, há um grande vão que permite uma boa circulação de ar, além de oferecer uma bela vista do Dique do Tororó, ponto turístico da cidade.

O Bahia, em 2016, disputava, pelo segundo ano consecutivo, a Série B. As consequências dessa situação eram não apenas de ferir a autoestima do torcedor, mas de prejudicar o fluxo de caixa do clube, com perda de receitas. Diante disso, a possibilidade de acesso, no final daquele ano, era importantíssima para as pretensões da diretoria. Além disso, a campanha do time  naquela competição abria uma margem imediata de aumento de faturamento, por conta dos bons públicos que a Arena Fonte Nova passou a receber, especialmente no segundo turno da Série B, quando o clube deu sua arrancada para o acesso.

Assim, o Bahia queria bater o recorde de público no estádio (que, à época, inclusive, pertencia ao Vitória, que foi promovido à Série A no ano anterior). Para tanto, era preciso tomar algumas providências, como atuar junto à Polícia Militar para diminuir as áreas de isolamento de segurança do estádio (que, na opinião da diretoria do clube, eram sempre bastante exageradas, especialmente se considerando a ausência de rivalidade com a maioria dos adversários que o Bahia enfrentava naquela competição).

Além disso, a prática de separar 10% (dez por cento) da capacidade do estádio para venda de ingressos para torcida adversária era um fator que dificultaria bastante o atingimento dos recordes.

Veja-se, por exemplo, que, na reta final da competição, o Bahia enfrentaria o Bragantino (que ainda não era Red Bull) e o Sampaio Correia — dois clubes que não possuem grandes torcidas (especialmente em termos de capacidade de ocupar espaço nos estádios na condição de visitantes). Além disso, esses dois clubes brigavam contra o rebaixamento naquele ano.

Foi aí que a diretoria do Bahia pôs em prática a ideia ventilada por ocasião da final do campeonato baiano! O clube não deixou de vender ingressos para os visitantes, mas, em contato com as diretorias dos clubes adversários, mensurou a quantidade de torcedores que poderiam comparecer, ajustou um espaço seguro para alocá-los e, assim, conseguiu vender mais ingressos para sua própria torcida, o que possibilitou, naquela oportunidade, o estabelecimento de novo recorde de público do estádio. Os cofres do clube, naturalmente, também se beneficiaram de tal medida.

No ano seguinte, na final da Copa do Nordeste diante do Sport Clube do Recife, mais uma vez, houve prática similar de não disponibilizar os 10% dos ingressos para os visitantes. Isso contudo, gerou uma rusga momentânea entre os clubes, especialmente por conta de uma falha de comunicação: o Sport havia solicitado uma carga com antecedência à partida — cerca de 3% da capacidade do estádio —, e fez essas vendas ainda no Recife. No entanto, não fez qualquer aviso sobre previsão de nova necessidade de vendas. Sucedeu, contudo, que muitos torcedores do clube pernambucano foram a Salvador sem ingressos adquiridos, com a pretensão de realizar essa compra na Arena Fonte Nova. Ocorreu que, diante da falta de comunicação, o Bahia já havia liberado uma carga extra para sua própria torcida (que já havia esgotado os bilhetes anteriormente disponibilizados). Após uma pequena polêmica, o clube baiano enviou uma carga extra ao pernambucano, que pôde atender aos seus torcedores.

Porém, daí surgiu uma aresta que perdurou por mais algum tempo, embora depois tenha sido superada. A comunicação é fundamental para não parecer que um gestor tentou "levar vantagem" sobre os outros, o que, evidentemente, não era a intenção, muito menos causando prejuízo a torcedores que se deslocaram de estado para acompanhar uma partida. O resultado do jogo, com o título ficando para os tricolores, certamente, não ajudou os visitantes a superarem esse episódio, mas, isso acabou ocorrendo posteriormente.

# LIÇÃO NÚMERO 8:
# QUEM NÃO ENTENDE O NEGÓCIO É ENGOLIDO PELO MERCADO

Este livro se iniciou dizendo que "fazer as mesmas coisas e esperar resultados diferentes" era a definição de loucura. Por óbvio, se estamos insatisfeitos com o estado das coisas no nosso futebol, a primeira coisa que devemos fazer, na gestão que pretende mudar o cenário, é inovar.

Isso já foi, de certa forma, abordado anteriormente. Neste capítulo, porém, a ideia é dar um novo foco à inovação, que é mais do que aplicar conceitos de gestão ao negócio futebol! É a ideia de ter a própria inovação como parte da cultura da instituição. É preciso não ter receio de sair do lugar-comum. Vivemos a era da revolução digital, com inúmeras novidades sendo apresentadas a cada dia; então, quem estiver mais antenado tende a aproveitar melhor as alternativas que surgem, especialmente se considerarmos que, no Brasil, a gestão de entidades esportivas é muito conservadora.

A grande realidade que os gestores esportivos precisam assimilar — e foi mencionada ainda na introdução deste livro — é que o futebol é, no fim das contas, uma competição financeira. Sendo assim, por óbvio, tende a ter melhor resultado quem tiver mais dinheiro, pois isso se reflete diretamente na capacidade de montar times mais qualificados, que tendem a conseguir os melhores resultados esportivos. Essa é a teoria, ao menos. Naturalmente, contudo, é preciso eficiência, afinal, não adianta ter mais dinheiro e desperdiçá-lo em contratações ruins e salários fora da realidade de mercado.

## ACUPUNTURA DE DESPESAS

Passei pelo início de duas gestões em clubes de futebol. A primeira como vice-presidente, assumindo o clube logo após um rebaixamento. Naquele primeiro momento, tivemos que fazer uma redução de folha substancial. Esse processo foi liderado, especialmente na parte administrativa, pelo nosso então diretor administrativo-financeiro, Marcelo Barros.

O Bahia, naquela época, tinha menos de 200 funcionários (atletas profissionais incluídos). No primeiro mês de gestão, em janeiro de 2015, foi feita uma redução de pessoal que impactou bastante no clube, ocasionando uma economia anual superior a 18 milhões de reais e uma redução de mais de 10% do quadro de funcionários. Com isso, houve uma economia enorme e, considerando o orçamento previsto para 2015, uma liberação de 38% da verba para novos investimentos.

O triênio de 2015 a 2017 foi capaz de organizar o Bahia e devolver o time para a primeira divisão com as dívidas equacionadas; a credibilidade recuperada; e o patrimônio capaz de fazer o clube mudar de patamar (especialmente se considerando o novo centro de treinamento). Diante disso a gestão seguinte poderia, então, ao menos em tese, dar um salto ainda maior.

O novo presidente, Guilherme Bellintani entrou com essa teoria, mas, buscando manter o foco na eficiência, apresentou um conceito que denominou "acupuntura de despesas", com o objetivo de revisitar todos os contratos existentes no clube, incluindo os de trabalho de colaboradores da área administrativa, para tentar proporcionar uma maior economia para o clube.

Até quando está buscando implementar medidas para maior eficiência, Guilherme é capaz de fazer uma boa promoção de *marketing*. A expressão "acupuntura de despesas" pegou bem perante os eleitores, e foi também um facilitador para fazer a venda do conceito para a equipe interna. Naturalmente, nenhum funcionário fica satisfeito com revisões contratuais que, eventualmente, reduziriam seus proventos, mas isso acabou sendo conseguido pela diretoria, mediante um acordo com o sindicato da categoria. Esse foi apenas um exemplo de economia; contratos de prestação de serviços diversos, como alimentação e segurança, também foram revisitados e repactuados.

O Bahia também buscou rever, mais uma vez, seu plano de cargos e salários, criando novas faixas, possibilitando o crescimento paulatino dos profissionais, dentro do clube, sem que isso, necessariamente, impactasse de forma muito significativa nas suas remunerações e mantivesse, também, os salários de profissionais internos condizentes com a realidade do mercado alheio ao futebol, pois, muitas vezes, as remunerações de pessoas que trabalham em clubes de futebol (ainda que em áreas "meio", como *marketing*, financeiro, jurídico etc.) acabam sendo inflacionadas, devido a uma ausência do devido planejamento.

## INCREMENTO DE RECEITAS

Se a primeira forma de tornar o clube mais eficiente, financeiramente, é reduzir suas despesas, naturalmente, a segunda é aumentar as receitas.

O futebol tem suas receitas tradicionais como uma receita de bolo... Remuneração pelos direitos de transmissão, bilheteria, venda de atletas, venda de produtos do clube, como camisas... A questão principal aqui é entender: **há novas fontes de receitas a serem e exploradas? É possível maximizar os ganhos nas receitas já existentes?**

A receita mais relevante dos clubes de futebol, no Brasil, são as decorrentes dos direitos de transmissão dos jogos. Sobre esse tema, já tratei anteriormente, quando foi abordada a questão da chegada da Turner no mercado brasileiro que acabou, ao menos temporariamente, dando fim ao monopólio das transmissões do grupo Globo. Fazer um novo *player* entrar nesse mercado foi uma forma bastante evidente de tentar maximizar as receitas já existentes.

Quanto à bilheteria em estádio, usualmente, a forma óbvia de aumentar a receita seria o reajuste no preço do ingresso. Mas é preciso fazer isso com cuidado, pois nem sempre um aumento é bem recebido e pode causar outros impactos de consumo pelo torcedor, como em bebidas e alimentos dentro das arenas.

Porém, ainda há outra coisa que nunca sai de moda: a camisa do seu time. Como maximizar as receitas com esse produto?

Uma das fontes tradicionais de receita de clubes é a venda dos seus uniformes. Normalmente, os grandes times do Brasil, até os primeiros anos da década passada, mantinham contratos com fornecedores multinacionais de material esportivo. Estou aqui falando de gigantes mundiais, como Nike, Umbro, Adidas e Puma, além de empresas de relevância nacional, como Topper e Pênalti.

Os maiores clubes do Brasil — em números de torcedores — conseguem vender, por ano, algumas centenas de milhares de peças de vestuário. Clubes de grande torcida, que têm relevância, mas não conseguem penetração nacional, também conseguem bons números, que, eventualmente, podem até chegar a seis dígitos. No entanto, clubes de médio a pequeno porte acabam tendo uma venda muito inferior a esses times de maior destaque e mais populares, salvo uma ou outra situação excepcional.

Diante disso, o que se vislumbrava, nesse mercado, era que as grandes fornecedoras de material esportivo ofereciam contratos para os clubes, dando-lhes um "enxoval" — que consiste numa grande quantidade de material esportivo para ser usado durante a temporada — além de luvas anuais (um pagamento pela assinatura do contrato) e *royalties* sobre a venda de produtos licenciados, que proporcionam uma receita variável, conforme o apetite dos torcedores desses clubes.

Sucede que clubes com menores torcidas acabavam tendo contratos não tão interessantes do ponto de vista financeiro, seja por conta de suas luvas serem em valores pouco significativos, seja pelo enxoval ser em número insuficiente para atender todas as categorias do clube (masculino, feminino e categorias de base), ou até mesmo pelo baixo percentual de *royalties* estabelecido para venda direta do uniforme para os torcedores.

Outro fator a ser considerado é que as grandes fornecedoras de material esportivo não possuem fábricas no Brasil. O que ocorre é que, quando uma dessas multinacionais fecha contrato com um clube brasileiro, ela busca uma fábrica local para produzir os materiais, segundo suas especificações técnicas e de *design*. Então, basicamente, o que existe é que os clubes brasileiros recebem luvas e *royalties*, além de um enxoval, para permitir que essas empresas coloquem suas marcas nos seus uniformes de jogo e sejam donas desse negócio, que é a venda dos produtos.

Como o *core business* (o negócio principal) de clubes de futebol não é a produção e comercialização de material esportivo, muitos dos dirigentes acabam não se preocupando em desenvolver essa "unidade de negócio", e aceitam a remuneração proposta pelas multinacionais, que, em muitos casos, é interessante.

Ocorre que, para clubes que não possuem contratos tão vantajosos com as grandes fornecedoras de material esportivo, surgiu uma nova alternativa: o desenvolvimento de marca própria de produtos. O pioneiro nesse ramo foi o Paysandu, tradicional clube paraense que lançou a marca Lobo (inspirada na mascote da equipe). Estando o clube nas divisões inferiores do futebol e tendo uma torcida regional, percebeu que era melhor "tirar o intermediário" do negócio e, com isso, tentar incrementar seu faturamento. Para ficar claro, o "intermediário", no caso, seria a fabricante de material esportivo.

Na prática, o que acontecia: um clube assinava contrato com uma fornecedora. A fornecedora contratava uma fábrica local. A fábrica produzia uma camisa, digamos, por 30 reais, e a vendia para a fornecedora a 60 reais. A fornecedora repassava esses produtos para o varejo ao preço de 120 reais. Os lojistas vendiam a camisa para o consumidor final ao preço de 240 reais. Veja que, a cada degrau dessa escalada, o preço do produto é valorizado justamente para remunerar o "operador". E, no final das contas, pela venda de uma camisa, o clube recebe *royalties*, que são variáveis de contrato para contrato, mas digamos que cheguem a 5%. Então, da camisa do time de futebol, pela qual o torcedor paga 240 reais, o clube receberia 12 reais, ou seja, o clube teria retorno financeiro direto sobre a camisa menor do que todos os demais agentes da cadeia de produção (fábrica, fornecedora e rede varejista)! E o clube é o dono do negócio, afinal, é o dono do conteúdo e é também a razão pela qual os consumidores adquirem o produto.

Assim, alguns clubes perceberam que era mais vantajoso deixar de ter parceria com grandes fornecedoras de materiais esportivos, e contratar o serviço direto de fábricas.

De saída, poderia haver um prejuízo de caixa, pois os clubes não receberiam mais enxovais e teriam que adquirir seus produtos junto ao novo parceiro, mas o fariam por um preço bastante inferior ao de mercado. E mais: caso os clubes possuam sua rede própria de lojas, poderiam ter um negócio altamente lucrativo, justamente por conta da retirada do intermediário.

Além disso, quando se contratam grandes empresas, como Nike, Umbro e Adidas, se, por um lado, ganha-se *status*, por outro, perde-se em flexibilidade, tanto de *design* quanto de datas de lançamentos, pois os contratos com esses grandes fornecedores normalmente são bem amarrados e tornam a dinâmica de produção e distribuição pouco flexível.

Tendo a marca própria, os clubes possuem maior liberdade não apenas no *design*, mas na definição das datas de lançamentos dos seus produtos, conforme cronograma que lhes seja conveniente. Ora, se é comum, no comércio, que as maiores vendas de produtos de clubes de futebol ocorram, por exemplo, no Natal ou no Dia dos Pais, será que não é mais interessante lançar novos produtos nesses períodos do que nas datas preestabelecidas pelas grandes fornecedoras (normalmente início das competições nacionais)?

E mais: essa flexibilidade e o comando dessa nova unidade de negócios dão aos gestores dos clubes uma capacidade de engajamento enorme, além de, com um bom uso do *marketing*, aumentar a sensação de pertencimento dos torcedores, que passam a se sentir "donos" de uma marca.

O Bahia, por exemplo, tão logo lançou o conceito de marca própria de material esportivo, promoveu um concurso público. Qualquer pessoa poderia enviar sugestão de *design* das camisas do clube. Isso foi válido para o uniforme como mandante, visitante e para o terceiro uniforme. Centenas de desenhos foram enviados para o clube, que fez uma seleção de cinco opções para cada um dos três uniformes. Milhares de torcedores votaram, e o lançamento foi um sucesso.

A marca própria do Bahia, chamada Esquadrão, ainda proporcionou outras possibilidades de incremento de receitas para o clube. Atentem para a próxima ação!

**Uma das principais fontes recorrentes de receita de qualquer clube de futebol popular é o seu quadro social.** O Bahia vinha num processo de crescimento constante do número de sócios, mas havia o entendimento, da nova gestão, de que era necessário dar um passo agressivo. Foi estabelecida uma política de descontos em redes de parceiros, mas, ao perceber que os sócios do Bahia, em sua ampla maioria, eram da modalidade "acesso garantido" — que adquiriam o direito de comparecer a todos os jogos do time como mandante —, o clube percebeu que precisava "atacar" esse consumidor especificamente.

Assim, o Bahia, após negociação com as empresas que geriam as lanchonetes da Arena Fonte Nova, firmou um acordo para que os sócios do clube tivessem desconto de 50% na compra de cerveja — diferentemente de muitos estados, na Bahia é permitido o consumo de bebida alcoólica dentro do estádio — e de lanches. O impacto dessa medida foi altamente positivo.

Seguindo a linha de benefícios agressivos, o clube resolveu presentear todos os sócios que se mantivessem adimplentes pelo período de um ano com uma camisa oficial. Esse benefício é anual, ou seja, o sócio passou a ganhar uma camisa oficial por ano. As camisas adquiridas para garantir o benefício para esse sócio foram negociadas num valor diferenciado com a fábrica. Porém, imagine-se, apenas como exercício ilustrativo, que o clube adquirisse essa camisa pelo preço de fornecedor dado no exemplo anterior — 60 reais, portanto. O sócio receberia um produto para o qual atribuiria um valor de 240 reais, isto é, quatro vezes superior ao que o clube teria gastado. Mais: o *ticket* médio do plano de sócio do Bahia era de aproximadamente 60 reais mensais, de modo que o benefício consistiria no desconto de uma mensalidade para o sócio que se mantivesse adimplente durante um ano inteiro. Parece uma política bastante razoável para evitar inadimplência, não é mesmo?

Essa medida foi um verdadeiro golaço. Agregou um enorme valor ao plano de sócios do clube, aumentou a valorização da marca Esquadrão e integrou o plano de sócios à loja — afinal, quando o associado buscava sua camisa, já recebia um cupom de desconto e acabava já fazendo novas compras, que viriam a engordar o caixa do clube. Foi uma forma de estabelecer um novo ciclo virtuoso.

Esse grande crescimento do *marketing* do clube, no primeiro mandato da gestão de Guilherme Bellintani, foi interessante por fazer perceber um erro (ou ineficiência) cometido na gestão anterior na condução do departamento. Apesar de todos terem realizado um bom trabalho naquela oportunidade, formando, inclusive, as bases para o crescimento que se sucedeu, a verdade é que Jorge Avancini (diretor de mercado que deixou o clube, ao final da gestão liderada por mim e Marcelo Sant'Ana) é um profissional bastante competente, mas que tinha uma formação cultural bastante diferente daquela da equipe que liderava. Gaúcho, linha dura, teve dificuldades com a informalidade e o estilo mais despojado dos seus subordinados, quase todos baianos (e vice-versa). Talvez, com uma atuação mais direta da diretoria executiva (presidente e VP), auxiliando na busca de um melhor entrosamento, o departamento pudesse ter dado melhores resultados mais rapidamente.

## TEMPO DE ENGAJAMENTO

Uma das principais mudanças deste século é a comunicação. Se antes tínhamos uma via única de transmissão de informação, com grandes redes de comunicação passando conteúdo para o público, hoje vivemos um período de interatividade. Se até o início dos anos 2000 precisávamos de jornais, telejornais e revistas para obter informação, hoje em dia, todo mundo se tornou fonte de conteúdo. A riqueza das redes sociais transformou anônimos em geradores de conteúdo, e, ainda, incrementou sua capacidade de demandar informações e posicionamento.

Em relação aos clubes de futebol, é muito comum vermos *rankings* digitais, nos quais os clubes estão colocados pelo número de seguidores que possuem em suas plataformas. Esses *rankings*, por si só, são vazios de conteúdo e servem apenas para ter uma estimativa da capilaridade dos clubes e de seu potencial de alcance.

O que é importante mesmo é o engajamento. A interatividade que cada clube provoca. Quantas pessoas de fato acompanham a notícia, replicam, respondem... É com isso, e não com o mero número de seguidores, que eventuais parceiros comerciais irão se preocupar. A questão é que já soa tão moderno ter um *ranking* digital que muita gente não se preocupa em efetivamente verificar se ele, sozinho, traz impacto no que realmente importa: monetização.

Como já dito, repetido e agora reforçado: o futebol é uma competição financeira. Não me interessa ter um milhão de seguidores se eles não interagirem comigo. Não adianta ter aplicativos, se as pessoas apenas fizeram o *download* e não consumirem nada lá dentro. Se não com o dinheiro, diretamente, os clubes deveriam se preocupar em obter dados: informação que pode ser convertida dinheiro.

Aqui, já estaríamos falando de outro termo da moda dessa nova década: o *data science*.

Apesar de não ser minha área de atuação, aprendi rapidamente a diferença entre *dados* e *informação*. A melhor forma de compreender isso, numa visão do mundo de futebol, é com a avaliação de um atleta. Se eu tenho as estatísticas de um jogador, digamos um meio-campista, que acerta 92% dos seus passes, eu tenho um *dado*. Mas eu preciso colocar esse *dado* dentro do contexto para ter uma *informação*. Ora, é relevante saber, por exemplo, se esse jogador passa a bola apenas para os companheiros mais próximos ou sempre a recua. Nesse sentido, seria melhor ter um sujeito que "trava" o jogo, mas acerta 92% dos passes, ou ter um que arrisque passes decisivos e tenha uma taxa de acerto de 75%?

O que esse exemplo demonstra é que os dados precisam ser analisados dentro do seu contexto, para não se tornarem "informações equivocadas". Basear suas decisões em informações equivocadas é uma das piores coisas que pode acontecer com um gestor.

Em resumo, os dados são etapa preliminar à obtenção da informação. Teremos informação de verdade quando analisarmos os dados, os contextualizarmos e deles pudermos extrair algum significado que, em muitos casos, irá nos auxiliar na tomada de decisões.

Aí que entra a tal da *data science*. Mais que meramente colher dados (coisa que quase todo mundo que presta serviços que envolvem tecnologia faz) o *data science* usa ferramentas para, com base nos dados colhidos, prever ações que poderão melhorar os resultados futuros. É uma espécie de "predição". A linguagem matemática, com o uso de algoritmos, foge um tanto da zona de conforto deste seu escritor, que tem a vida acadêmica formada nas ciências humanas, mas não dá para brigar com os fatos: quem souber usar melhor as informações, contidas nos dados que colhem dos seus consumidores, poderá faturar mais dinheiro e, assim, ter vantagem competitiva.

Nesse sentido, posso atestar que a ação do Bahia, no concurso para definição dos seus novos uniformes, embora tenha sido um sucesso de *marketing* e institucional, não foi ao limite na exploração comercial e tecnológica. E só atentei para isso anos depois.

O Atlético Mineiro fez uma ação muito similar à do Bahia. Foi o "Manto da Massa". A lógica era a mesma: envio de *design* de camisa e votação para a escolha. O sucesso de engajamento e de vendas foi estrondoso. Mas, no Galo, foram além. Diferentemente do clube baiano, o mineiro contratou empresas de serviço tecnológico para realizar essa ação, dentre as quais, uma delas era especializada em *data science*. Então, além de engajar o torcedor na campanha, o Galo conseguiu obter informações dos seus consumidores, que, para poder votar e participar efetivamente da ação, tiveram que preencher questionários rápidos, que transmitiram dados valiosos para o clube e seus parceiros. Dados esses que, se transformados em informação, poderiam fazer o clube lucrar muito além do concurso "Manto da Massa".

Para quem não estiver entendendo, simplifiquemos. Tendo a inteligência sobre os dados, é preciso estratificar os consumidores geograficamente, por faixa etária, por capacidade financeira, por gosto de consumo... Esse tipo de informação pode fazer com que o clube descubra que um determinado torcedor ainda não se tornou sócio, e mais: qual seria a melhor estratégia para que ele se tornasse. Esse é apenas um de diversos usos que um bom serviço de inteligência de dados pode proporcionar diretamente aos clubes.

## RESPONSABILIDADE SOCIAL

Muitas vezes, quando se fala em engajamento remete-se à ideia de responsabilidade social. Embora não tenha sido esse o contexto da abordagem proposta no tópico anterior, isso me trouxe à memória uma estratégia estabelecida no Bahia que foi executada a contento.

O presidente Guilherme Bellintani estabeleceu como meta a ser atingida no seu mandato que o Bahia fosse reconhecido no Brasil como um clube popular. Dentre as ações planejadas para alcançar esse objetivo estavam algumas mais práticas como um plano de associação para pessoas de baixa renda, mas estava também uma ideia conceitual: a do Núcleo de Ações Afirmativas.

Era entendimento da diretoria do Bahia que se colocar como um clube socialmente responsável seria uma forma importante de consolidar sua imagem popular e de usar o grande holofote que o futebol proporciona para fazer a sociedade pensar um pouco mais sobre alguns problemas que, por vezes, são negligenciados.

Além de ser louvável atender às funções sociais de uma instituição, por óbvio, havia o entendimento de valorização da marca do clube, que acabou conseguindo exposição positiva em diversos canais de mídia que, ordinariamente, não lhe dariam espaço. Foi assim que o Bahia se tornou objeto de matéria no *The Guardian*, da Inglaterra, e no *The New York Times*, dentre outros veículos de relevância internacional, além de muitos nacionais que, usualmente, concentram-se na cobertura de times do chamado "G12".

E, assim, o Bahia realizou inúmeras campanhas sociais de alta relevância, sejam ações de combate ao racismo ou à violência contra mulher, seja de protesto contra o derramamento de óleo que atingiu as praias do Nordeste do Brasil, em 2019.

A imagem de clube responsável se consolidou e isso, sem dúvidas, poderia atrair parceiros comerciais que se identificassem com as bandeiras que o Bahia defendia. Além disso, gerou simpatia de torcedores de outros clubes, o que aumentou o engajamento nas redes sociais tricolores. Por fim, integrando essa iniciativa com a marca própria de material esportivo, o clube lançou a linha "Clube do Povo", com camisas temáticas que foram um grande sucesso.

Entretanto, nem tudo são flores. Muitas vezes, a responsabilidade social do Bahia era confundida com "progressismo". Nada contra o progressismo. Em diversos aspectos, até mesmo, considero-me uma pessoa progressista. Contudo, quando é estabelecido, para uma instituição, um rótulo que carrega consigo um viés político, isso pode ocasionar problemas. O risco é ainda maior quando vivemos num país tão polarizado entre "conservadores" e "progressistas" — como se esses rótulos fossem capazes de definir toda a natureza e todo o caráter de alguém. Adicionando a esse contexto os problemas políticos nacionais, com *impeachment* e uma verdadeira guerrilha ideológica, estabelecida há alguns anos no Brasil, chegou-se a observar um certo choque entre aqueles que entendiam as "ações afirmativas" do Bahia como uma politização do clube e aqueles que a viam como um ato de reconhecimento de sua responsabilidade social.

Como em quase todas as coisas na vida, a virtude se encontra no equilíbrio. Para manter a legitimidade de suas ações, sempre defendi que o Bahia rechaçasse o rótulo de "progressista", para manter uma neutralidade ideológica, tão importante numa instituição que recebe gente de todos os tipos, credos, cores e ideais. Sempre me referi às ações afirmativas do Bahia como sendo materialização da RESPONSABILIDADE SOCIAL. Só que,

PEDRO HENRIQUES

como já dito, vivemos, hoje, num tempo em que a comunicação é altamente interativa. E, se o ambiente externo ao clube vive na polarização, naturalmente suas condutas poderão ser (como, muitas vezes, acabaram sendo) utilizadas como propaganda para esses ou aqueles interesses.

Normalmente, torcedores do Bahia de viés político mais à esquerda estavam sempre satisfeitos com as ações do clube, ao passo que aqueles de viés mais à direita costumavam apontar para uma politização da instituição. Aqueles que tentavam olhar as coisas de uma forma mais neutra — facilmente rotulados como "isentões" — tentavam argumentar para uns que não se tratava de progressismo, mas de responsabilidade social, e para outros que, mesmo entendendo que havia temas relevantes a serem discutidos, era preciso cuidado para não dar margem real a uma acusação de politização.

Lembro-me de um fato ocorrido numa das ações realizadas, na qual o Bahia entrou em campo com nome de personalidades indígenas nas camisas, por ocasião do Dia do Índio. Sucedeu que uma das pessoas homenageadas havia sido candidata a vice-presidente da República, poucos meses antes. Por mais que os nomes escolhidos tenham sido indicados por indígenas, o clube falhou ao não ter uma curadoria de conteúdo capaz de identificar que a inclusão de eventuais homenageados poderia ocasionar questionamentos que colocariam em questão a legitimidade da bela ação realizada.

Qualquer instituição que pretenda atuar em causas de relevância social não pode negar a existência de um contexto político no país. Desse modo, para manter uma maior legitimidade de suas ações, evitando que as mesmas possam ser indevidamente desvirtuadas, é importante ter cuidado redobrado. E, quando falhar (pois falhas são inevitabilidades da vida), é preciso reconhecer os erros, trabalhar para retificá-los e criar métodos para não mais repeti-los.

Todas essas ressalvas estão sendo feitas justamente por haver o entendimento de que ações de responsabilidade social são importantíssimas. O Bahia deu exemplo e acabou arrastando muitos outros para a causa. Hoje, há clubes com departamentos para tratar de responsabilidade social, como é o caso do Internacional.

Com bons exemplos, podemos causar grandes impactos sociais. O que reitera e reforça a necessidade de cuidado para evitar que as boas ações sejam desvirtuadas, por conta do momento polarizado do Brasil. Várias pessoas do clube falavam: "mas são ações sociais e não políticas!". Eu concordo. Mas aqui relembro outro ditado já mencionado anteriormente: *"À mulher de César não basta ser honesta. Tem que parecer honesta"*.

# SCOUTING E POLÍTICA DE CONTRATAÇÕES

Voltando à inteligência de dados, é importante falarmos de "*scouting*". A captação de atletas é uma atividade fundamental para os clubes de futebol. Se o time de futebol é a atividade-fim de um clube, e é, a formação dele é uma das atividades mais importantes que podem existir dentro da instituição.

Durante muitos anos, os olheiros eram os profissionais responsáveis por identificar os talentos pelo Brasil afora. Diversos craques foram selecionados nas "peneiras" ocorridas do Oiapoque ao Chuí. A identificação de atletas jovens é fundamental para que os clubes tenham categoriais de base fortes, formadoras de bons valores capazes de "abastecer" o elenco profissional.

Mas a captação não se dá apenas com jovens valores. Outros atletas podem ser "descobertos" já mais velhos, tendo destaque em competições inferiores, ou até em outros países.

O fato é que, atualmente, existem centenas de milhares de atletas, mundo afora. E não há olheiros que deem conta de monitorar todo esse mercado. Com isso, há diversos programas que permitem aos clubes analisar lances de atletas, levantar dados e estatísticas. Esses *softwares*, que fornecem materiais que são estudados por analistas, aliados ao trabalho dos tradicionais olheiros são a nova forma de captação do futebol.

A inovação em tecnologia é cada vez maior. Já existem empresas que prestam serviço de predição de desenvolvimento de atleta. Criam algoritmos para avaliar os jogadores através desses *softwares*. Basicamente, transformam a avaliação dos atletas em gráficos, como dos jogos de *videogame* e de computador que vemos por aí. A precisão da avaliação é intrigante, e, como me disse o *advisor* de uma dessas empresas, os números não mentem.

Claro que existem fatores além do campo para a definição do investimento em um atleta. Então, além do olheiro, dos analistas e dessas novas ferramentas com algoritmos preditivos, é importante entender também o contexto psíquico e social do jogador.

Contratar não é a mera análise de atributos físicos, táticos e técnicos, embora, obviamente, esses sejam elementos altamente relevantes. É preciso entender o perfil do jogador, sua capacidade de adaptação a novos ambientes, novas culturas, novo clima... O certo é que não existe contratação sem risco de erro. É possível afirmar, contudo, que, quanto mais informação se obtém de um atleta, mais se maximiza a chance de êxito na contratação.

Indo para um exemplo prático: o Bahia queria contratar um meia, em 2017. O clube havia sido promovido à primeira divisão e precisava fazer uma temporada segura. Nosso diretor de futebol, Diego Cerri, tinha um alvo: Zé Rafael, meia que pertencia ao Coritiba, mas havia atuado, em 2016, pelo Londrina, na Série B. Além de membros da equipe técnica observando o jogador, colhemos os dados do atleta e, ao colocá-los em contexto com a forma de jogar do seu time, identificamos que se tratava de um meia de boa qualidade técnica e bastante força.

O jogador que, na base, era um camisa 10, acabou se destacando, no Bahia, jogando pelos lados do campo, com muita força, velocidade e responsabilidade tática. Era visto como um jogador versátil. Um investimento de cerca de meio milhão de reais que, poucos anos depois, tornou-se uma das maiores vendas do clube, ao ser adquirido por mais de 14 milhões de reais pelo Palmeiras, onde, provando sua versatilidade, ganhou maior destaque atuando como volante.

Havia risco na contratação de Zé Rafael? Óbvio que sim. Mas ele se encaixava na descrição técnica de que o clube precisava! Havia, ainda, um ingrediente a mais: Zé enquadrava-se no perfil que a diretoria da época qualificou como "barriga vazia".

Ora, o Bahia é um clube tradicional, mas que não possui capacidade financeira para competir com os mais ricos do país. Assim, por óbvio, não poderia ser um clube comprador de atletas! Precisava ser formador. Esse era o primeiro ponto. Dessa forma, o clube precisaria investir nas categorias de base. Só que a base demora a dar frutos. Nesse meio tempo, o clube precisaria fortalecer seu elenco, respeitando sua realidade financeira. O perfil "barriga vazia" englobava jogadores jovens, na casa dos 20 anos ou pouco acima, que tivessem potencial a ser desenvolvido e pudessem entregar ao clube *performance* técnica e, eventualmente, gerar receitas no futuro. Foi exatamente o que aconteceu com Zé Rafael.

A grande lição aqui é que o clube precisa ter uma política clara de contratações. Isso não é garantia de sucesso, mas a manutenção de uma coerência, a longo prazo, tende a gerar resultados positivos. Só a política, contudo, não basta! Ela é apenas um norte. Os clubes precisam basear suas tomadas de decisão em *informação*. Ter os dados contextualizados, de forma inteligente, para escolher os atletas em quem investir. Nesse sentido, é fundamental que os clubes possuam departamento de análise de mercado, com os melhores *softwares* disponíveis, inclusive com os algoritmos preditivos já comuns na NBA e que vêm sendo usados, já há algum tempo, no mercado do futebol.

# NOVA COMUNICAÇÃO E NOVOS TORCEDORES

Em 2020, um ano completamente atípico por conta do covid-19, me lembro bem de ter sido surpreendido por um *push* no meu celular, oriundo de uma *app* de conteúdo esportivo, que me convidava a "montar o melhor Liverpool desde 2001".

Achei a mensagem completamente inusitada. Por que raios eu iria querer "montar o melhor Liverpool"? Foi aí que me lembrei de uma das maiores polêmicas em que me envolvi nas redes sociais, nos últimos anos: foi quando, sem querer, comprei briga com alguns flamenguistas ao fazer um a um *thread*[4] no Twitter sobre "torcedores mistos".

Antes de mais nada, é preciso esclarecer do que estou falando ao leitor não familiarizado com o termo: "torcedor misto" é aquele que nutre simpatia por mais de um time. É o cara que torce para o Bahia e para o Flamengo ou para o Sport e o Vasco, por exemplo. Esses torcedores existem e não são poucos.

No Nordeste do Brasil é um fenômeno muito comum, decorrente de uma questão histórica e cultural: até os anos 1990, não havia transmissão dos campeonatos estaduais e o público, especialmente do interior dos estados, acabava acompanhando o futebol pela Rádio Globo, que transmitia, usualmente, jogos dos times cariocas. Depois, mesmo com a TV entrando na jogada, privilegiava-se a transmissão dos campeonatos paulista e carioca, em detrimento dos da região.

Eis, então, que houve a formação de torcedores de clubes cariocas e paulistas na Região Nordeste. Uma espécie de colonização cultural (intencional ou não) que ampliou o público consumidor dos times do chamado "eixo", em detrimento dos clubes regionais.

Recentemente, contudo, os clubes nordestinos começaram a crescer — principalmente devido a boas gestões, algo, infelizmente, raro no futebol brasileiro. Com esse crescimento, os maiores clubes da região não apenas tomaram um pouco do protagonismo de alguns times do chamado "G12" em campo, mas também resolveram começar a atacar um mercado que ocasionou algum incômodo: a sua terra e os torcedores mistos.

---

[4] *Thread* (fio) no *Twitter* é como se chama uma sequência de postagens (*tweets*) sobre um determinado assunto. Normalmente são utilizadas para dar mais detalhes sobre um tema, pois há uma limitação de tamanho de 280 caracteres por postagem nessa rede social.

Bahia e Fortaleza fizeram, em 2019, campanhas para valorização dos torcedores "puro sangue", por assim dizer. Foi uma enorme polêmica, especialmente porque os torcedores mistos sentiram-se ofendidos e outros torcedores (de times do G12) e até jornalistas acusaram as ações dos tricolores baiano e cearense de serem xenofóbicas.

Ora, os clubes nordestinos têm não apenas o direito, mas a obrigação mercadológica de buscar ampliar seu público consumidor. Obviamente que nenhuma campanha, de qualquer time que seja, vai fazer mudar a torcida de alguém. O sujeito que torce por dois times vai continuar torcendo e consumindo os dois. Porém, isso pode dar início a uma mudança cultural. Hoje, o nordestino pode acompanhar de perto os seus times: TV aberta, fechada, *pay-per-view*, *streaming*... as plataformas são inúmeras. E a competição com o G12 é real, afinal, é inegável, por exemplo, a ascensão de Fortaleza e Ceará, em paralelo a uma queda de Cruzeiro e Vasco — em critérios como gestão, pagamento de obrigações em dia e, até mesmo, força no mercado de contratações.

Esses times nordestinos têm o dever de preparar seus terrenos regionais para a formação dos futuros torcedores. Se, hoje, os mistos são uma realidade posta (e relevante, diga-se), talvez, no médio prazo, possa existir outro cenário, e cabe a esses clubes trabalhar para viabilizar essa mudança.

Por outro lado, é inegável que é preciso ter cuidado em campanhas dessa natureza. Não é porque se quer promover algo que precisamos depreciar o oposto. Os torcedores mistos devem ser respeitados, pois não são menores do que ninguém. Os clubes nordestinos precisam encontrar um equilíbrio na comunicação para conseguir promover a torcida exclusiva pelos seus times, sem ofender quem eventualmente quiser torcer por clubes de outra região.

"E o que isso tem a ver com o Liverpool?", você deve estar se perguntando.

Ora, meu caro leitor, se antes dos anos 1990 os nordestinos do interior não acompanhavam seu time porque a grande imprensa da época transmitia paulistas e cariocas, você já imaginou o que vai acontecer com as próximas gerações?

Enquanto tem muito dirigente preocupado com a internacionalização da sua marca, muitos não percebem que o mercado nacional está sendo invadido pelos clubes estrangeiros.

Os jovens, com acesso a *streaming* e TVs fechadas, acompanham os campeonatos europeus tão intensamente quanto (ou até mais que) os nacionais. Para quem tem filhos ou sobrinhos pequenos, de classe média, é improvável já não ter ido a ao menos um aniversário com tema de um clube estrangeiro, seja Barcelona, PSG, Real Madrid ou até Manchester City! E as escolinhas desses clubes? Toda grande cidade brasileira tem ao menos uma.

A guerra pelo mercado consumidor do futebol cresceu. E se antes o G12 estava do lado forte de um cabo de guerra tupiniquim, hoje se vê deslocado para o lado mais fraco de uma competição mundial; afinal, competir com clubes europeus que têm craques carismáticos e campeonatos muito mais atrativos não é mole...

Quando um jovem vai jogar o FIFA ou PES no seu videogame, é mais provável que ele escolha o Liverpool ou o Palmeiras? O Real Madrid ou o Vasco? As pessoas querem comandar seus ídolos e os melhores times do mundo.

Talvez, vendo e vivendo esse outro lado da moeda, as pessoas consigam perceber que as campanhas de *marketing* dos clubes nordestinos, em 2019, nada mais foram que ações afirmativas. Torcer para time do Nordeste, no século passado, se vacilar, foi até um ato de resistência cultural. Dificilmente ganhavam algo relevante esportivamente, recebiam menos dinheiro, tinham condições competitivas piores e eram menos expostos na mídia.

Hoje, na sociedade digital de macroexposição e alta interatividade, as barreiras e diferenças foram um pouco minoradas. E a luta para mudar o *status quo* incomoda quem dele se beneficiava.

Só que, como exposto, há muitas lutas ocorrendo em paralelo.

Muito mais preocupante que discussão sobre torcedores mistos e essa falácia de "discurso xenofóbico" é a defesa do mercado consumidor brasileiro. Porque os jovens vêm consumindo cada vez mais o futebol estrangeiro. Comprando camisas, *games* e os mais variados produtos. Em síntese: estão gastando dinheiro com esses clubes. Dinheiro que poderia ser destinado aos nossos clubes.

Cabe ao bom gestor saber transformar a paixão em dinheiro e o dinheiro em um time competitivo, que alimente cada vez mais a paixão do torcedor, formando, daí, um ciclo virtuoso. Para isso, é preciso pensar além da superfície, entender a história, os contextos culturais do passado e atuais, e atuar para expandir seus mercados e, consequentemente, os resultados de agora e do amanhã.

Para isso, precisamos entender como e por onde a nova geração de torcedores se comunica, pois, se não falarmos com eles, alguém vai falar e conquistá-los. Acreditar que o amor de família vai manter nossa torcida para sempre é algo bonito, romântico, mas o que vai garantir mesmo a manutenção desse consumidor é um trabalho bem-feito.

## GERAÇÃO Z

Eu nasci na década de 1980. Faço parte, portanto, da Geração Y, dos *millenials*. Essa era "a geração do futuro", e, hoje, tem muitos representantes em funções de liderança, mundo afora. Só que um agrupamento de pessoas entre seus 20 e tantos e 40 e poucos anos não pode mais se dar o luxo de se dizer "o futuro". Eles são o presente. Nós somos o presente. Sendo assim, a tocha da geração do futuro foi passada para a Geração Z, dos nascidos nos anos 2000.

Essa classificação de grupos etários em gerações é interessante, pois dá um contexto cultural e social de uma grande quantidade de pessoas. Para os propósitos estabelecidos no tópico anterior, de saber dialogar com o seu público consumidor, é gritante a necessidade das pessoas da Geração Y aprenderem a dialogar com a Geração Z, sob pena de serem atropelados pelos fatos de uma sociedade digital e altamente dinâmica, na qual novas profissões surgiram, onde adolescentes faturam mais dinheiro que muitas empresas (apenas tendo seguidores em redes sociais) e os interesses e a forma de consumir entretenimento são muito diferentes do que eram na década de 1990.

A Geração Z compreende as pessoas nascidas, em média, entre o final da primeira metade dos anos 1990 até o início do ano 2010. São os sucessores da Geração Y. É, portanto, a turma que nasceu com a internet e que cresceu no "*boom*" da criação de aparelhos tecnológicos modernos. A característica dessa geração é "zapear", passar os olhos por várias opções de conteúdo entre canais de televisão, internet, *games* e *smartphones*.

Se, antigamente, o foco era uma virtude, a concentração era algo valorizado, hoje, especialmente para os mais jovens, o modo "multitarefa" é um grande ativo. Fazer várias coisas ao mesmo tempo é o novo normal. Enquanto comem e jogam *videogames* (ou melhor, *e-sports*), fazem uma *live* arrecadando dinheiro dos assinantes dos seus canais no Twitch.

Tenho certeza de que muitas pessoas que leram o parágrafo anterior, se nascidas na década de 1980 ou antes, tiveram dificuldade de compreensão ao visualizar um adolescente jogando LOL numa cadeira *"gamer"* e transmitindo o jogo para milhares de pessoas mundo afora... porém, essa é uma realidade. Se você ainda não viu ou, pior, não entendeu o parágrafo anterior, você está datado, caro leitor.

O Twitch, por exemplo, é uma plataforma que, embora acessível a todos, tem toda a cara da geração Z. Eu mesmo só a conheci recentemente. Trata-se de uma plataforma de *streaming* especialmente focada na transmissão de *games*, competições de *e-sports* e, mais recentemente, até transmissão de jogos de futebol. No Brasil, o clube pioneiro nessa rede, para variar, foi o Athletico Paranaense.

Até o início de 2021, pouquíssimos clubes brasileiros possuíam perfil na plataforma. O engraçado é que os jovens consomem tudo por lá. Então, por que não manter contato direto com a geração do futuro? Por que não produzir conteúdo além dos jogos para cativar esse público?

Hoje, mesmo pessoas mais velhas vivem o fenômeno da segunda tela. Essa "segunda tela" é um dispositivo adicional (um aparelho celular ou *tablet*) que permite ao consumidor interagir com o conteúdo que está acompanhando, como filmes, música ou jogos eletrônicos. Muitas vezes, essas segundas telas proporcionam informações complementares. É usual assistirmos a jogos do nosso time enquanto conversamos em grupos de WhatsApp, não é mesmo?

Dados do IBOPE mostram que o brasileiro está cada vez mais habituado ao consumo "multitela". Quase 90% dos brasileiros assistem TV e navegam na internet ao mesmo tempo.

Será que os clubes não poderiam produzir conteúdos para ocupar esse espaço de segunda tela para seus consumidores? Criar jogos (*gamificação*), produtos específicos, programas... A oportunidade está aí para que se use a criatividade para capturar novos consumidores e para que se monetize com isso.

Por mais que o futebol não seja gerido profissionalmente no Brasil, ele é encarado pela Geração Z como um produto da indústria do entretenimento. E, dessa forma, ele vai competir pelo tempo e pelo dinheiro dessa geração com outros produtos, com outros conteúdos. O que faria um garoto desses deixar de assistir MMA para acompanhar futebol? Porque ele deixaria de jogar *League of Legends* para assistir a uma partida do time do seu pai? Um jogo que demora mais de 90 minutos e nem tem tanta qualidade técnica?

E mais: se ele resolver priorizar o futebol como o seu produto de entretenimento, por que ele escolheria o time de sua família ou de sua cidade, em detrimento dos clubes que praticam melhor o esporte e têm, nos seus quadros, os grandes ídolos mundiais?

Esses são os desafios dos gestores de futebol para manter e fazer crescer o seu mercado. Não existe solução pronta ou fórmula mágica para vencer essa batalha. Mas a primeira coisa a fazer é reconhecer que ela existe. Infelizmente, contudo, tem muito dirigente de futebol que nem sabe o que é Twicth e que acha que "Geração Z" é algum seriado de apocalipse zumbi da Netflix.

## LIÇÃO NÚMERO 9

# FAÇA O CERTO MESMO QUANDO FOR INCONVENIENTE

Transformar práticas, num mercado acostumado à desorganização, é um grande desafio. As resistências enfrentadas para inovar na gestão do futebol e trazer profissionalização são enormes, decorrentes das décadas de amadorismo que existiram nesse meio.

Tendo isso em mira, é preciso ser intransigente e até um tanto radical na implementação de novos conceitos e no estabelecimento de regras de conduta. Qualquer flexibilidade ou margem que for dada pode resultar num progresso muito lento ou até em retrocessos nas evoluções que, paulatinamente, forem conquistadas por uma gestão profissional.

Ao longo desse processo, há uma tendência de que os gestores se vejam em situações complexas, nas quais serão testados por diversas vezes. Fazer o mais fácil, em algumas circunstâncias, pode ser pragmático e trazer resultados no curto prazo, mas também pode atrasar a verdadeira revolução que se quer proporcionar. Assim, a decisão certa, muitas vezes, é extremamente difícil, pois desagrada e pode gerar desgastes, como vimos nos exemplos lá do primeiro capítulo.

Entretanto, uma coisa que vale para quem quer, de fato, impactar na gestão e ocasionar mudança, é que as decisões que se entendem corretas, no sentido de enfrentar o amadorismo, ainda que impopulares, desgastantes ou até que tragam um aparente prejuízo inicial devem ser sempre priorizadas. Fazer o correto é sempre a decisão certa a se tomar. Isso não quer dizer, porém, que se conseguirá sempre os melhores resultados, nem que, muito menos, vai ser fácil agir dessa forma.

Por vezes, decisões que têm os melhores fundamentos ocasionam resultados terríveis; outras vezes, encaminhamentos feitos com base em informações erradas dão certo e trazem grande lucro para a instituição.

Os resultados das decisões nem sempre são controláveis. E a qualidade da tomada de decisão não deveria ser avaliada, exclusivamente, pelo resultado que ela gera, mas, especialmente, pelos fundamentos que a justificam. Analisar depois de visto o desfecho da obra, como já dito anteriormente, é fácil, é a famosa "engenharia de obra pronta", também conhecida como "a sabedoria do depois".

Nesse sentido, convém dizer que existem decisões certas e erradas, pelo ponto de vista ético e moral, e, em relação a elas, não deve haver dúvidas sobre como proceder. No entanto, à parte esse aspecto, é difícil falar em decisões certas ou erradas; o que cabe ao gestor de futebol, sempre, é buscar os fundamentos para tentar adotar a decisão mais benéfica à instituição que comanda.

Para ilustrar melhor o a lógica apresentada, convém analisar um caso concreto que pôde ser observado por todos que acompanham o futebol no Brasil.

## A ARTE DA TOMADA DE DECISÃO

*A verdadeira substância da ambição é a sombra de um sonho.*

A poética frase que inicia este tópico é uma provocação à reflexão. Jamais ousaria dar uma resposta terminativa para um tema controverso logo de saída, mas achei por bem recorrer a Shakespeare para iniciar este debate.

No dia 13 de julho de 2020, foi noticiada a punição da Fifa ao atleta Rony (hoje no Palmeiras) e, também, ao Athletico Paranaense, clube que o repatriou depois de um período conturbado no Japão. O time do Paraná foi condenado a não inscrever atletas nas duas janelas de transferência seguintes, e o jogador foi suspenso por quatro meses, além de ser condenado a indenizar o clube japonês[5].

O que muita gente não sabe é que, antes de fechar com o Athletico, Rony chegou a negociar com outros times brasileiros e esteve muito perto de assinar contrato. Um desses clubes, aliás, foi o Bahia. Acontece que uma análise mais detida de qualquer departamento jurídico evidenciaria a existência de situação de risco na eventual contratação.

Os perigos seriam uma punição na Fifa, como, por exemplo, a proibição de inscrição de atletas (*transfer ban*), além do aspecto financeiro de ter que pagar eventual indenização ao clube japonês com quem o atleta mantinha vínculo (no caso concreto, na primeira decisão anunciada, a punição financeira recaiu sobre o atleta, apenas).

Rony, até então, nunca havia jogado em alto nível no Brasil — apesar de ter tido boas passagens por Náutico e Remo —, e jamais havia marcado

---

[5] É relevante dizer que houve recursos junto à *Court of Arbitration for Sport* (CAS) e os prejuízos foram amenizados, na sequência, tanto para clube quanto para o atleta, mas esse não é o foco desta narrativa.

um gol sequer numa partida de Série A. Porém, era um atleta jovem, bastante promissor e de características muito interessantes.

O objetivo aqui é propor debate sobre qual seria a decisão correta. E, embora eu tenha a minha opinião quanto a esse tema, seria muito pretensioso "impor uma verdade" em algo que é uma questão de escolha. Analisando os fatos postos até aqui, parece seguro afirmar que a decisão mais prudente seria a de não contratar o atleta que poderia envolver o clube que o repatriasse num imbróglio jurídico de desfecho potencialmente nocivo, muito embora todas as análises técnicas tenham deixado destacado o seu grande potencial.

Mas saiamos do mundo das teorias e dos conceitos e vejamos a realidade. O Athletico optou pelo risco e, em agosto de 2018, contratou Rony. Rapidamente o atleta ganhou relevância no time, e, embora não tenha conquistado a titularidade imediatamente, sempre tinha minutos em campo, tornando-se peça importante na conquista da Copa Sul-Americana daquele ano pelo rubro-negro paranaense.

Em 2019 a titularidade veio junto a destaque, gols e o título da Copa do Brasil, além de excelente campanha no Brasileirão e um desempenho digno na Copa Libertadores, com uma queda diante do Boca Juniors, na fase eliminatória. Nada mau.

Essa situação faz-me apresentar mais perguntas que respostas:

## 1. Sem saber dos resultados que viriam, você contrataria Rony, em 2018?

Na gestão de futebol, especialmente por conta do cenário caótico, decorrente de anos de gestões irresponsáveis, costumo ser defensor da tomada de decisões seguras. Prudentes. Por outro lado, a convicção de que uma determinada peça pode fazer o time mudar de patamar é capaz de fazer com que assumamos riscos maiores. Ainda há que se ponderar que a realidade do Athletico é muito diferente da do Bahia, onde eu trabalhava em 2018, pois, enquanto esse buscava consolidar um processo de reconstrução, aquele já tinha um modelo de trabalho estabelecido há algumas décadas.

O segredo está, sempre, em buscar um equilíbrio.

Apenas com as informações prévias, muitos gestores altamente qualificados não teriam contratado o atleta. E quem poderia dizer que essa seria uma decisão equivocada?

## 2. E sabendo dos títulos da Copa Sul-Americana de 2018 e da Copa do Brasil de 2019?

Ser engenheiro de obra pronta é sempre mais fácil. Diria até que é covarde. Dificilmente alguém criticaria a formação de um elenco vencedor e a assunção de "riscos calculados", quando se verifica o sucesso da receita implementada.

A ponderação a ser feita aqui é: teria o Athletico conquistado os mesmos resultados sem Rony no elenco?

E mais: valeria a pena descobrir essa resposta se voltássemos no tempo? Parece-me que não.

## 3. O prejuízo de eventual punição já estaria compensado?

A venda de Rony para o Palmeiras foi muito boa. Financeiramente, as premiações conquistadas pelo Athletico, com a contribuição desse atleta, são inquestionáveis — e esportivamente, nem se fala.

Um clube pode ter a melhor gestão nos aspectos administrativos, financeiros e mercadológicos, mas os profissionais (e o próprio clube) só são lembrados quando houver faixas no peito e taças na prateleira. O resultado esportivo é a razão de existir dos clubes de futebol e é ele que ocasiona o reconhecimento.

Será que o grau de contribuição de Rony foi mesmo determinante para os títulos? Mais que isso: duas janelas sem inscrever jogadores causam um grande prejuízo que pode comprometer aspirações de qualquer time. Um clube menos estruturado, ao sofrer uma punição como essa, poderia se ver relegado à segunda metade da tabela do Brasileirão, com riscos reais de rebaixamento (não foi o caso do Athletico em 2020, mas era algo a se considerar).

Fica a dúvida: vale a pena trocar dois anos com grandes conquistas, pelo risco real de um período sem possibilidade de maiores aspirações além de se expor a eventuais riscos esportivos decorrentes de penalidades?

Vivemos num tempo em que muitos se arvoram do papel de juízes. Elogiam ou condenam gestores esportivos. Porém, fazem-no, quase sempre, com base nos resultados. Assim é muito fácil. E a lógica da tomada de decisão? A coerência? Os fundamentos? Todos esses são elementos valiosíssimos para avaliarmos as escolhas feitas, e são simplesmente desconsiderados. O que vale, na maior parte dos julgamentos, é a realidade posta. O desfecho da obra.

Essa é uma forma torta de dizer que "os fins justificam os meios". Isso se o resultado for positivo, evidentemente. Se for negativo, o mundo cairá sobre a cabeça do líder "imprudente". Isso sem esquecer que, muitas vezes, os críticos (positivos ou negativos) jamais estiveram em situação de tomada de decisão similar, o que lhes retira, ao menos um pouco, a legitimidade — no aspecto técnico — da avaliação.

A mensagem que fica, no fim das contas, é outro velho clichê shakespeariano: "há mais coisas entre o céu e a terra do que supõe a nossa vã filosofia".

## LÓGICAS ORÇAMENTÁRIAS

Após falar que, em termos de tomada de decisões, em situações complexas não há, necessariamente, um "certo ou errado", entendo que é preciso voltar à linha um tanto radical (mas necessária) de que "o certo é o certo, sempre". Essa lógica precisa ser aplicada em questões não apenas éticas e morais, mas também conceituais, para que traga um impacto na cultura organizacional da instituição.

Nesse sentido, sempre me chamaram atenção as lógicas orçamentárias dos clubes de futebol. O orçamento é uma peça fundamental para o planejamento de uma instituição. Aprendi com Marcelo Barros, diretor administrativo-financeiro da gestão em que fui VP, que através dele deveríamos sempre nos preparar para os piores cenários, ao passo que sempre trabalharíamos para superar essas previsões.

Uma definição mais técnica estabeleceria que orçamento seria a parte de um plano financeiro que compreende a previsão de receitas e despesas de um determinado exercício (normalmente estamos falando dos 12 meses seguintes).

A prática ordinária é que os clubes do futebol brasileiro apresentem no mês de dezembro suas previsões orçamentárias para o ano seguinte. Usualmente, isso ocorre perante os conselhos deliberativos dos clubes, sendo, eventualmente, acompanhados pelos conselhos fiscais. A peça é, portanto, apresentada para uma casa política (os conselhos deliberativos dos clubes de futebol, via de regra, não tem poder de gestão, salvo em matérias muito específicas, conforme possíveis determinações estatutárias). E aí, muitas vezes, começa o problema técnico.

Um exemplo tradicional, que vemos todos os anos, é a previsão que os clubes fazem de ter acesso a premiações por conquistas esportivas, especialmente em competições no modelo de copas, tais como Copa do Brasil, Libertadores ou Sul-Americana. O que as pessoas parecem não entender é que a pretensão de vitórias esportivas não pode nem deve vir acompanhada da previsão de êxito financeiro!

Ora, se, em dezembro de 2020, um determinado clube estabelecer, no seu orçamento, que será campeão da Copa do Brasil de 2021, isso lhe renderia uma enorme soma a título de prêmio/remuneração pela conquista, digamos, apenas em caráter ilustrativo, no valor de 50 milhões de reais. Ocorre que, ao prever esse dinheiro no orçamento, obviamente o clube também preverá seu gasto, seja com investimentos na folha de atletas, seja em infraestrutura. **O fato é que o orçamento será planejado com base numa receita totalmente incerta.**

Não fazer a previsão orçamentária de recebimento de premiações por avanço em copas não significa ausência de pretensão de sucesso esportivo! Isso apenas denotaria um planejamento responsável, dentro da realidade financeira do clube, com prudência. Um orçamento deve apenas estabelecer como receitas aquelas certas, de preferência já contratadas. Se, no decorrer do ano, houver receitas a mais, isso poderia, mais adiante, ser reinvestido no clube, mas não se deve, sob qualquer hipótese, iniciar um planejamento fundamentado em desejos esportivos, desprovidos de certeza matemática.

A questão das premiações é um exemplo que se aplica a vários clubes. O Internacional, em 2020, havia previsto no seu orçamento alcançar as quartas de final da Copa do Brasil e da Copa Libertadores. O Flamengo, para o mesmo ano, havia previsto chegar à final da Copa do Brasil e às semifinais da Libertadores. O Vasco previu alcançar as fases de quartas de final na Copa do Brasil e Sul-Americana. Nenhum desses times atingiu os objetivos traçados, o que trouxe impactos orçamentários bastante relevantes.

Ainda existem outros fatores de difícil compreensão nos orçamentos: as previsões de vendas de atletas. Muitas vezes elas são realizadas sem maior cuidado ou mesmo lógica, apenas com o objetivo de não permitir uma previsão deficitária ao final dos 12 meses. *O orçamento está apresentando um déficit de 30 milhões? Então vamos colocar arrecadação nesse montante em vendas!* Alguns clubes "preveem" a realização de vendas que não correspondem nem sequer ao histórico médio realizado nas temporadas anteriores.

O fato é que, infelizmente, grande parte dos clubes apresentam orçamentos de forma pouco pensada, sem privilegiar a melhor técnica de gestão. Nesse caso específico, é possível afirmar, sem medo de errar, que existe "o certo" a se fazer, e ele consiste em construir previsões orçamentárias PRUDENTES, pois, tendo prudência, especialmente na previsão de receitas, os gestores tenderão a não se permitir comprometer-se com contratos que não têm capacidade de cumprir.

Não é à toa que sempre escutamos notícias sobre atrasos salariais, atraso no recolhimento de impostos, no FGTS e até no pagamento de contas de serviços básicos, como de fornecimento de energia elétrica. Portanto, não dá para fazer um planejamento financeiro com base em desejos e esperanças, pois o que paga a conta é o dinheiro que existe no caixa.

## DOPING FINANCEIRO

No contexto de profissionalização da gestão de futebol, já nos acostumamos a escutar termos como *fair play* financeiro, governança corporativa e *compliance*. Mas há um elemento pouco discutido no dia a dia de quem acompanha futebol e tenta analisá-lo como um produto da indústria do entretenimento. Trata-se do *doping* financeiro.

Usualmente, quando se usa esse termo, a primeira coisa que vem à mente de quem está familiarizado com o futebol e suas práticas são as famosas "malas brancas" e "malas pretas". Esses são expedientes através dos quais se oferecem vantagens a uma agremiação para que atinja um determinado resultado numa partida. Caso haja promessa de pagamento para a conquista de uma vitória, temos a "mala branca"; caso seja feita oferta de premiação em troca de uma derrota, temos a "mala preta".

Independentemente da cor da mala, a prática é uma conduta ilícita, embora, usualmente, não haja uma grande condenação moral para o pagamento/recebimento de mala branca.

Embora as "malas" não sejam o objeto principal deste tópico, convém compreender o porquê da sua ilicitude. É que essas promessas de pagamento estabelecem uma vantagem indevida para a conquista do resultado. É uma motivação a mais, oriunda de terceiros, para impactar na *performance* técnica de um dos times envolvidos no jogo.

É justo que todos os clubes enfrentem um determinado "time X" e que, na última rodada, esse time receba de um terceiro uma promessa de premiação extraordinária, a fim de conquistar um resultado que venha a interferir na classificação final de um campeonato, seja título, seja classificação para competição continental ou rebaixamento? Isso não afetaria o equilíbrio técnico da competição?

E aqui chegamos ao ponto-chave deste tópico: equilíbrio técnico da competição.

Não se preocupem, não entrarei na questão do desequilíbrio técnico causado pela diferente capacidade de investimento que clubes, como Flamengo e Palmeiras, têm em comparação ao Atlético Goianiense e ao América-MG. O mérito ou demérito das receitas de cada clube pode ser discutido em outro momento e é comumente posto em pauta até na imprensa, então não precisa deste espaço aqui.

Por outro lado, pouco se fala sobre a má administração dos clubes, que culmina numa formação de elenco com folha salarial impagável, salários atrasados e a vergonha de gestão que vemos, há anos, em inúmeros grandes clubes brasileiros. Notícias sobre atrasos salariais no futebol brasileiro, inclusive no famoso "G12", tornaram-se lugar-comum.

O que sempre me incomodou nessas situações é que nossos jornalistas, tão capacitados e aptos a trazer provocações relevantes para o crescimento do futebol, acabam passando por esse tema de forma superficial. Ora, todos já devemos ter perdido as contas do número de vezes que dirigentes se colocaram diante das câmeras e dos microfones para confirmar atrasos salariais nos seus clubes e fazer promessas de esforço para resolução do problema. Em todas essas entrevistas, quantas vezes ouvimos do interlocutor estas perguntas: "Senhor diretor, o clube não teme a punição de perda de pontos na competição devido ao atraso de salários? O senhor não teme que o clube seja excluído do Profut e se inviabilize financeiramente?"?

Os jornalistas sabem dessas possíveis consequências. Mas não perguntam. Deixam de cumprir uma função social altamente relevante: não apenas alertar os próprios dirigentes sobre os riscos em que estão colocando os clubes, mas, principalmente, mostrar aos torcedores e sócios que os seus times do coração correm risco de sofrer consequências esportivas e financeiras graves devido à irresponsabilidade de dirigentes.

A comoção dos torcedores e a punição aos dirigentes são os únicos fatores que realmente podem impactar para mudar a forma como são geridos os clubes de futebol no curto prazo.

Felizmente, estamos testemunhando um momento de mudança no Brasil. Grandes clubes vêm sofrendo as consequências da irresponsabilidade de suas gestões. O Santos ficou, durante grande parte de 2020, impossibilitado de inscrever atletas. O Cruzeiro perdeu 6 pontos na Série B de 2020. É bem verdade que essas punições não decorreram de decisões no Brasil, mas de ordem da FIFA por ocasião de não pagamento na aquisição de atletas que eram vinculados a outros clubes. Seja como for, a punição é importante no processo pedagógico.

No entanto, até agora não adentramos propriamente no *doping financeiro*. Ora, meu caro leitor, imagine que um determinado clube que chamaremos de "Caloteiro", disputa a Série A do Campeonato Brasileiro e tenha condição de montar um time com folha mensal de R$ 4 milhões, mas contrata jogadores formando uma folha de R$ 8 milhões. Um adversário desse clube, que chamaremos de "Responsável", tem a mesma verba disponível para investimento, e a respeita. O que acontece, então?

1. Em tese, o Caloteiro forma um elenco melhor que o Responsável, afinal, o futebol é, também, uma competição financeira: contrata melhor quem investe mais.

2. O Caloteiro atrasa o pagamento de salários, direito de imagens, impostos, prestadores de serviços etc.

3. O Responsável paga todas suas contas em dia, mas, dentro das quatro linhas, entra em desvantagem frente ao Caloteiro que possui um elenco, em tese, melhor.

Estão aí os ingredientes para o mais nocivo *doping financeiro* do futebol brasileiro.

E sabem o que é pior? Ninguém fala sobre isso.

E o pior ainda? Não se vê as autoridades brasileiras punirem sua reiterada prática.

Minto; já houve punição para clubes que atrasaram salários. Mas muita gente sequer sabia disso. Sabe por quê? Porque foram punições irrelevantes!

Santa Cruz e Sport, ambos clubes de Recife, foram punidos com perda de pontos nos anos subsequentes aos seus rebaixamentos devido à inadimplência salarial. Para ser efetiva a punição, contudo, a perda de pontos deveria ser no próximo campeonato que fossem disputar, certo? Tal como foi a punição aplicada ao Cruzeiro, não é mesmo?

Só que a prática, aqui, foi diferente. Ambos os clubes perderam pontos nos campeonatos encerrados, nos quais já haviam sido rebaixados. Qual o efeito social e pedagógico dessa punição? Nenhum. A expressão que melhor se aplica aqui é "para inglês ver".

Infelizmente, essa prática do *doping* financeiro é uma realidade do nosso futebol. E o prejuízo dela decorrente é generalizado! Perdem os funcionários por não receberem salário; o Responsável perde por entrar numa competição em desvantagem técnica; a própria competição perde por ver sua credibilidade e seu equilíbrio abalados; e até o Caloteiro perde (porque, no longo prazo, a conta sempre chega, vide o "inferno astral" vivido pelo Cruzeiro até sua recente aquisição por Ronaldo "Fenômeno").

## RESPONSABILIDADE DO GESTOR

Após falar sobre lógicas orçamentárias e *doping* financeiro, e já tendo falado (lá no início deste livro) que o bom gestor é aquele que prepara o clube para prosperar depois que ele já tiver deixado a instituição, é preciso fazer um destaque pontual para a responsabilidade pessoal do dirigente de clube de futebol.

O gestor esportivo, notadamente o estatutário, responde por eventuais irregularidades do clube, especialmente nas searas trabalhistas e tributárias. Isso deveria ser o suficiente para impedir o cometimento de irregularidades. Infelizmente, não é o caso.

Sobre os atrasos salariais, nem irei aprofundar, posto se tratar de matéria de conhecimento público. Porém, ocorre que muitos clubes (e muitas empresas do universo privado, diga-se) adotam práticas de alavancar o seu caixa através do não pagamento de impostos (mesmo declarados ou até retidos), já tendo em mente a expectativa de adesão a um futuro refinanciamento da fazenda pública, que é algo bastante usual de ocorrer.

Essa é uma prática de gestão comum. Embora, diga-se, constitua crime não recolher os impostos declarados. E, seguindo a premissa de que *o certo é o certo, mesmo quando é inconveniente*, quem se propõe a mudar e profissionalizar a gestão do futebol brasileiro não pode, sob qualquer hipótese ou justificativa, incorrer em práticas desse tipo.

Reconheço que é uma situação realmente complicada, e até desmotivadora, para os bons gestores adotarem as práticas corretas e se verem prejudicados por clubes irresponsáveis e caloteiros, que, muitas vezes, acabam tendo *performances* esportivas superiores às de instituições administradas responsavelmente, justamente por estarem "dopados financeiramente", seja por não pagarem salários de seu quadro de funcionários, seja por estarem alavancados com dinheiro público (de impostos declarados e não pagos).

Numa visão mais utilitarista e pragmática, haverá aqueles que defenderão que, na gestão esportiva, seria ingenuidade a pretensão de ser "mais realista que o rei", como diz a expressão popular. Por essa lógica, não haveria mal algum em atrasar o pagamento de impostos, perder as certidões negativas junto à Receita Federal, Justiça do Trabalho e outras tantas, que costumam ser exigidas para a obtenção de crédito. Afinal, praticamente todos os clubes fazem isso, certo?

Não tenho pretensão de me assenhorar da razão ou ditar verdades, mas, nesse caso específico, dou-me o direito de ser absolutamente intransigente, e recomendo que quem pretenda mudar o futebol também seja. Por mais que ninguém seja punido pela prática desse crime, por mais que o *doping* financeiro seja uma realidade no futebol brasileiro, não podemos renunciar aos princípios que são fundamentais para a profissionalização da gestão. Responsabilidade, transparência, *compliance*. Não dá para ser flexível com matéria legal. Não dá para ter jeitinho brasileiro nesse tipo de circunstância. Quem racionaliza práticas ilegais é tão responsável pela sua normalização quanto quem as pratica.

Não podemos ser idealistas de ocasião.

# LIÇÃO NÚMERO 10

# RESILIÊNCIA

Segundo a Psicologia, a resiliência seria uma capacidade de adaptação e crescimento após situações de crise. Eu entendo que a resiliência, na gestão esportiva, é algo ainda mais complexo: é a capacidade de suportar todos os reveses e manter-se firme no caminho correto.

Não é algo fácil. A gestão de futebol é uma atividade apaixonante e, quando o sucesso vem, a sensação de satisfação é enorme e até difícil de descrever. Entretanto, quando os resultados são negativos... A crise, o abalo e as cobranças são incomparáveis com a maioria dos negócios que existem. É que, aqui, não se trabalha apenas com os aspectos administrativo e financeiro, mas também com o passional. Clubes de futebol, especialmente os que têm grandes torcidas, mexem com a paixão de milhões de pessoas. E essas pessoas, os torcedores, muitas vezes, personalizam a cobrança por suas expectativas frustradas não apenas nos atletas e treinadores, mas também nos gestores.

Lembro-me bem, em 2016, quando era vice-presidente do Bahia que disputava a Série B pelo segundo ano consecutivo, de ter saído para jantar com minha então esposa. O clube, àquela altura, estava entre os quatro melhores times da competição, com boas chances de promoção à Série A, mas o campeonato estava muito equilibrado. Nosso artilheiro, àquela época, era Hernane Brocador que vinha numa seca de gols que já durava alguns jogos. Ao sentar-me no restaurante, antes de ser cumprimentado ou ter o cardápio apresentado, senti dois tapas no meu ombro, seguidos do questionamento: *Ô, Pedro, Hernane não vai voltar a fazer gol, não?* A pergunta veio do garçom, num tom de insatisfação, ao que eu, educadamente, respondi: *Boa noite, meu caro, vim jantar com minha esposa e gostaria de ver o cardápio.* Um pouco sem graça, o sujeito se desculpou e, depois, até falamos um pouco sobre futebol, as chances do Bahia e a *performance* do atacante naquele campeonato.

Esse exemplo é apenas para mostrar que a cobrança que um gestor de futebol recebe é diferente da de executivos de grandes corporações, ela é diferenciada, posto que vem diretamente do consumidor final, e não de acionistas ou de comitês executivos. Os torcedores o enxergam como alguém que lhes deve prestação de contas a qualquer momento. Assim, quem for entrar nesse mercado tem que estar psicologicamente preparado para a pressão que isso acarreta. Posso garantir que não é pouco intensa.

No entanto, não é só por ser um trabalho em que há grande pressão que os gestores esportivos precisam de resiliência. A resiliência é necessária, também, por conta das diversas situações com as quais esses profissionais irão se deparar, e que causam desânimo e desestimulam a continuidade da luta pela modificação do cenário desse mercado. Essas situações vêm de diversas frentes, seja das instituições do meio esportivo, seja das instâncias políticas do próprio clube em que se trabalha, seja, ainda, de parte da imprensa ou mesmo da torcida.

Compartilharei, a seguir, algumas histórias de bastidores que modificaram minha interação não apenas profissional, mas também pessoal, com o futebol.

## TEORIA DA CONSPIRAÇÃO

Antes de trabalhar de fato no futebol sempre escutamos alguma teoria da conspiração sobre favorecimentos a esse ou àquele time. Nunca alimentei esse tipo de narrativa, até porque sempre a enxergava como uma muleta para justificar resultados indesejados. Por outro lado, incomodava observar que alguns clubes que gozavam de melhores relacionamentos com Federações ou com a própria CBF eram, às vezes, ao menos aparentemente, mais beneficiados por equívocos de arbitragem. Contudo, como, via de regra, a arbitragem no Brasil deixa muito a desejar, até por não ser uma atividade devidamente profissionalizada, sempre preferi não me apegar às teorias da conspiração.

Em 2015, porém, ocorreu um episódio que me fez mudar completamente minha forma de encarar as teorias da conspiração e de tratar a arbitragem.

Era mais um dia de trabalho no centro de treinamento do clube. O time, àquela altura, estava com uma campanha razoavelmente boa na Série B, sempre com perspectivas de acesso à primeira divisão. Nosso diretor de futebol foi a minha sala e disse que precisava conversar comigo e com o presidente. Fomos à sala de Marcelo Sant'Ana, quando o diretor relatou o que havia se passado.

Um determinado sujeito, que ele não conhecia, havia obtido seu número telefone e o contatado, pois teria acesso ao árbitro que apitaria nossa partida na rodada seguinte. Segundo essa pessoa, seria possível "garantir" que teríamos um resultado positivo naquele jogo, mediante um pagamento que deveria ser realizado.

Eu estava trabalhando no futebol havia menos de um ano. Essa informação gerou uma indignação tão grande que me faltam palavras para descrever. E, se você já chegou até aqui, viu que, normalmente, não me faltam palavras para descrever as coisas.

Convocamos toda a diretoria para a sala do presidente e ainda trouxemos o nosso assessor jurídico. Ajustamos que retornaríamos a ligação para o sujeito. O presidente falaria diretamente com ele. Resolvemos dar corda para ver o que ele diria. E gravamos toda a conversa. Falou-se em valores, como pagar, foi alegado pelo sujeito que conhecia o árbitro etc. e tal.

Obviamente, não aceitamos a proposta. Mas isso só não bastava. Precisávamos tomar as devidas providências diante de um incidente como esse. Fizemos a degravação do áudio (processo de transcrição de tudo que foi dito pelas partes, no arquivo que fora gravado) e procuramos um dos maiores especialistas em direito penal da Bahia. Fomos à CBF tratar do caso.

Fato é que o jogo ocorreu, com o árbitro designado, e acabamos empatando a partida. Tive a impressão de que o gol adversário se originou de uma jogada irregular e, também, que não tivemos um pênalti marcado a nosso favor. Seriam impressões que aconteceriam comumente e que não me levariam a pensar nada de extraordinário, usualmente. Ocorre que, depois da ligação que recebemos naquela semana, eu dificilmente voltaria a achar qualquer erro de arbitragem algo corriqueiro e usual.

Não satisfeitos em apresentar denúncia ao STJD, também preparamos todo um material para que fosse promovida a devida investigação criminal, e entregamos tudo nas mãos do Secretário de Segurança Pública.

Infelizmente, não houve andamento no caso. Hoje, já saí do Bahia e nunca escutei qualquer consequência decorrente desse pedido de suborno/tentativa de fraude.

Justiça seja feita: não há provas de que a pessoa que nos contatou representasse, de fato, o árbitro que apitou aquela partida. Todo o fato pode ter sido uma tentativa de extorsão de um estelionatário, tentando se aproveitar de eventual falha de caráter de dirigentes de futebol. Acredito que nunca saberei, com total certeza, o que houve nesse caso.

Coincidências do futebol e da vida, a partir daquele período, começamos a patinar um pouco na competição. Terminamos não obtendo o acesso, em 2015. Seria imprudente e até leviano dizer que o Bahia não teve sucesso esportivo nessa temporada por conta desse episódio, mas acredito que qualquer um que tivesse vivenciado aquela situação passaria a ser mais desconfiado, menos crente. A falta de uma apuração mais ampla pelas autoridades competentes também incomodou demais.

Ao menos, todos, no Bahia, podem ter a consciência tranquila de ter agido corretamente. Não aceitamos a proposta ilegal e promovemos a denúncia. O que nos cabia fazer foi feito.

Anos depois, lembrei-me desse episódio pois o Ministério Público da Paraíba (estado original da pessoa que nos fez aquela ligação) denunciou mais de 17 pessoas por corrupção e manipulação de resultados. Recebi a notícia como um lembrete para manter-me atento e renovar minhas esperanças, afinal, há aqueles que, como eu, repudiam e combatem esse tipo de prática.

Viver esse episódio e sofrer uma grande decepção na sequência (que foi a manutenção, por mais um ano, na Série B) foram experiências duras. Mesmo sabendo que agimos corretamente, tanto na condução desse caso quanto nas práticas de gestão estabelecidas, o fracasso da temporada trouxe não apenas tristeza, mas também uma pressão muito forte. Sem resiliência e apoio de pessoas próximas, seria muito difícil dar continuidade àquele mandato, que estava apenas no primeiro de três anos que teria.

## LIDANDO COM FRACASSO

O início do meu trabalho na gestão de futebol foi muito bom. Conseguimos implementar mudanças administrativas importantes para estruturar o clube e dar uma linha de profissionalização, que era não só necessária como urgente.

Só que, para o ambiente externo, infelizmente, nada disso importava muito. O que as pessoas queriam saber era "do campo". E, nesse sentido, as coisas começaram bem. A eleição que me levou à vice-presidência do clube foi em dezembro de 2014, logo após o clube ter sido rebaixado. A autoestima do torcedor não estava boa.

Nesse contexto, foi interessante que uma das primeiras ações tomadas pela nova diretoria, capitaneada pelo presidente Marcelo Sant'Ana, foi marcar um amistoso contra o Shakhtar Donetsk, da Ucrânia, um time que vinha com destaque na Europa e recheado de bons atletas brasileiros. Havia anos que o Bahia não disputava um amistoso internacional. Contra um clube europeu, em casa, então, não tenho memória de quando isso havia ocorrido.

É de se destacar aqui que conseguimos incluir o Bahia no *tour* que o clube ucraniano fez pelo Brasil graças à ajuda de Jorge Avancini, que, embora ainda não tivesse ingressado na nossa diretoria, já havia conversado com os representantes do clube para realizar o amistoso contra o Internacional de Porto Alegre (onde trabalhava). Esse "meio de campo" de Avancini foi essencial para que pudéssemos abrir a temporada 2015 do Bahia com uma grande atração. Para coroar esse dia, o Bahia venceu a partida por 3 a 2, sendo essa uma das grandes e positivas surpresas que o futebol proporciona às pessoas.

O time montado para a temporada 2015 era modesto, com folha salarial baixa e grande uso de atletas da base. Isso porque era imperativa uma reestruturação financeira do clube. Mesmo com essa situação, o treinador Sérgio Soares e sua comissão conseguiram montar um time competitivo que apresentava um futebol propositivo e agradável de assistir. No primeiro semestre, o time foi campeão baiano aplicando uma goleada histórica na final sobre o Vitória da Conquista, revertendo a derrota sofrida por 3 a 0 no jogo da ida, com inapeláveis 6 a 0 na volta. Na Copa do Nordeste, o Bahia chegou invicto até a final, mas acabou derrotado para o Ceará.

Apesar da derrota na competição regional, a torcida estava confiante com o futebol apresentado, e a conquista do campeonato estadual, da forma como se deu, impulsionou todos a acreditarem na campanha do acesso.

No decorrer da Série B de 2015, o Bahia foi frequentador assíduo do G4, grupo dos quatro primeiros colocados que alcançam a promoção à Série A; mas, na reta final da competição, houve queda de rendimento e desgastes, e o clube fracassou, não atingindo o principal objetivo da temporada.

Quando o resultado esportivo não veio, pouco importou que o clube já estivesse estruturado, administrativa e financeiramente, e que tivesse conseguido certidões negativas de débito junto aos órgãos federais (Receita, Justiça do Trabalho etc.). No momento de fracasso dentro de campo, tudo que foi realizado e todos que trabalham no clube são questionados. E o lado passional do torcedor, infelizmente, muitas vezes, faz confundir o legítimo direito de protestar com o de praticar atos de vandalismo que, inquestionavelmente, são verdadeiras condutas criminosas.

Assim, uma vez confirmado o fracasso na Série B, algumas centenas de torcedores foram para a porta do prédio onde morava o presidente do clube. Ele, registre-se, estava fora da cidade, em viagem com o time, mas isso não impediu os manifestantes de picharem muros e de gritarem palavras de ameaças, que acabaram sendo dirigidas aos vizinhos, à esposa e à filha de 6 anos de idade do presidente, que se encontravam em casa.

Imaginem estar fora de sua cidade e saber que sua esposa e filha estão acuadas em casa, ouvindo gritos odiosos com a mensagem de que "o terror vai começar" ...

Esse é o tipo de coisa a que o dirigente esportivo acaba exposto.

Politicamente, muitos conselheiros do clube atacaram pesadamente a diretoria. O fato de, à época, Marcelo, o presidente, ter 34 anos, e eu, 30, foi amplamente utilizado para nos desmerecer profissionalmente. Éramos chamados pejorativamente de "meninos" e "estagiários", como se nossa juventude fosse um demérito. Não foram poucos os pedidos de que renunciássemos ao nosso mandato.

Estou certo de que não houve tentativa de *impeachment* apenas por total inviabilidade jurídica, visto que não havia qualquer irregularidade administrativa ou legal na forma como conduzíamos os trabalhos. Porém, infelizmente, na política do clube recém-democratizado, a questão eleitoral parecia ser uma disputa incessante. Mesmo tendo sido eleitos para um mandato de três anos, como não tivemos maioria no conselho deliberativo, não havia paz para realização dos trabalhos, e nossa postura incisiva e, por vezes, admito, agressiva não ajudou, nesse primeiro momento. Assim, diante da oportunidade proporcionada pelo fracasso no campo, os opositores tentaram ir à forra, desestabilizando o ambiente político e atacando pessoalmente os gestores.

Gerir futebol é algo muito apaixonante. Quando as coisas dão certo o prazer é imenso e a sensação é gratificante. Quando dão errado, contudo, é preciso se assenhorar da situação, analisar os fatos ocorridos, reconhecer os erros e partir para consertá-los. É preciso seguir o trabalho; mesmo diante das tormentas o barco precisa navegar rumo ao seu destino. E, assim, seguimos adiante, mesmo encarando ameaças políticas e, também, físicas — tivemos até que recorrer ao Ministério Público para garantir nossa segurança e, por um período, o presidente e eu precisamos ser acompanhados por guarda-costas.

Se o departamento de futebol falhou, que seja reformulado. E assim foi feito. "Metas, métricas e processos", lembram? Assim como o "PDCA" (*plan, do, check, act*). Encerramos o contrato de Alexandre Faria, que, embora seja um bom profissional, era o responsável pelo principal departamento do clube e não entregou o objetivo mais importante. Para o seu lugar buscamos Nei Pandolfo, que era diretor do Sport Club do Recife e havia feito uma bela temporada em 2015. O clube pernambucano fez grande campanha na Série A, brigando por uma vaga a Copa Libertadores da América até as últimas rodadas do campeonato. Tinha também um elenco recheado de craques.

O objetivo da diretoria do Bahia, ao buscar Nei, foi dar um recado ao mercado, especialmente na Região Nordeste. O Bahia buscava posicionar-se como referência regional e, se havia um profissional com destaque na região, o clube iria buscá-lo, mesmo que estivesse momentaneamente na Série B.

Percebemos que falhamos na montagem do elenco de 2015. Percebemos que faltaram, naquele ano, atletas mais "cascudos" (como se diz, na gíria do futebol, para descrever jogadores que tenham experiência no enfrentamento de dificuldades e em conquistas, e que podem contribuir para liderar o resto do grupo rumo ao objetivo). Que fique claro: isso não é uma atribuição de culpa aos jovens que promovemos no time, mas a assunção de responsabilidade pelo fato de que poderíamos ter montado um grupo mais equilibrado e que, com isso, talvez tivesse sucesso.

Assim, as mudanças no futebol começaram pelo diretor, e, na sequência, montagem de um elenco, em tese, muito superior ao de 2015, tendo, ao longo do ano, trazido alguns atletas conhecidos, como Hernane Brocador (ex-Flamengo), Thiago Ribeiro (ex-Santos, Galo, São Paulo etc.) e Renato Cajá (que estava no mundo árabe, depois de um grande destaque na disputa da Série A do ano anterior pela Ponte Preta).

Acontece que, ao longo de 2016, esse novo elenco não "encaixou", como se diz no futebol, tendo sido eliminado nas semifinais da Copa do Nordeste e perdendo o Campeonato Baiano para o arquirrival, Vitória, em meio a uma polêmica (de que trataremos logo adiante). Tudo isso, aliado a um começo cambaleante na Série B, fez com que a diretoria entendesse que era urgente a tomada de uma atitude, sob pena de repetir o fracasso do ano anterior.

# O SUCESSO NÃO ACABA COM OS PROBLEMAS

O Bahia começou a temporada 2016 tendo Doriva como treinador. Os resultados inconsistentes na Copa do Nordeste e na Copa do Brasil, a perda do Campeonato Baiano e oscilação na Série B fizeram com que a diretoria resolvesse pelo seu desligamento.

Para o seu lugar, o Bahia contratou Guto Ferreira que estava fazendo uma bela campanha na Chapecoense. A vinda do "Gordiola" foi fundamental para o crescimento do clube, não apenas pela modificação do estilo de jogo, mas pelo diagnóstico da necessidade de reformular o elenco. Naturalmente, reformular o elenco no decorrer do ano não é algo simples (nem barato). Porém, como vimos no início do livro, não adianta apenas fazer o planejamento e não acompanhar adequadamente sua execução. No decorrer das competições, ficou facilmente perceptível que o grupo montado, embora parecesse bom, não entregava *performance* e resultados compatíveis com as expectativas criadas em torno dele. Era preciso trazer novos atletas e renovar o comprometimento de quem permanecesse no clube. Aprendemos que não há garantia de que alto investimento em jogadores consistirá em retorno técnico em campo e, também, que não adianta ter no elenco jogadores de grande *status* no cenário esportivo se eles não estiverem focados (e imbuídos) no propósito do clube.

Foi assim, por exemplo, que Thiago Ribeiro, um dos maiores salários do elenco e, indiscutivelmente, o atleta de melhor currículo, acabou não sendo mais utilizado pelo treinador. Foi por isso também que o clube optou por negociar o goleiro Marcelo Lomba com o Internacional. Esses são os nomes mais conhecidos que acabaram não contribuindo mais com a campanha do acesso do Bahia, mas diversos outros jogadores deixaram o clube. Por "sorte", houve uma paralização nas competições, em 2016, por conta dos Jogos Olímpicos, que foram no Rio de Janeiro. Essa oportunidade foi aproveitada para realizar uma intertemporada na cidade de Porto Seguro — que tinha uma excelente estrutura, pois havia recebido as delegações de Suíça e da Alemanha para a Copa do Mundo de 2014.

A partir daquele momento, tentou-se reestruturar o time e buscar o objetivo principal do ano, que era o acesso à Série A do Campeonato Brasileiro. O Bahia realizou uma excelente campanha de recuperação, e chegou à última rodada precisando apenas de si para o acesso. A partida seria fora de casa, contra o já campeão da Série B, Atlético Goianiense. Acontece que os goianos venceram o jogo. Caso Vasco e Náutico também triunfassem em seus jogos, o Bahia, mais uma vez, perderia a vaga. O Vasco venceu o Ceará em casa.

O grande drama da Série B foi acompanhar o final da partida entre Náutico e Oeste. O clube pernambucano precisava ganhar para entrar no G4; o paulista precisava vencer para se livrar do rebaixamento à Série C. O rubro-negro paulista estava vencendo o jogo, quando torcedores revoltados do clube pernambucano invadiram o gramado, o que gerou uma paralização superior a 20 minutos. A consequência disso? Todos os jogos haviam sido encerrados. O Bahia, tendo perdido, teria que aguardar o final do jogo em Recife para saber se havia atingido seu objetivo ou não. O vestiário visitante do Estádio Olímpico de Goiânia era de pura tensão. Naquela época, não havia *streaming* do Campeonato Brasileiro, nem havia TVs no vestiário. Atletas, dirigentes e *staff* tentavam obter informações pela internet.

À medida que o tempo passava e o placar não se alterava em Recife (2 a 0 para a equipe visitante), o alívio começou a vir. A equipe de *marketing* começou a trazer o material de comemoração pelo acesso. Quando o apito soou no Recife, todos os funcionários do Bahia presentes foram comemorar no campo.

Em meio às celebrações tradicionais de um momento como esse, meu telefone tocou. O número não estava registrado, mas atendi a chamada. Para minha surpresa, a ligação era de um torcedor do Bahia que eu não conhecia. Ele estava no estádio, afirmando que estava me vendo comemorar com o grupo, e disse que eu deveria ter vergonha de o clube só ter conseguido o acesso por conta do resultado de outro jogo. Fez ameaças diretas, informando que sabia quem eu era e onde estava hospedado, e disse que "isso não ficaria assim".

Essa foi a primeira ligação que o vice-presidente de um clube que havia acabado de conquistar o acesso à Série A recebeu. Esse é o tipo de coisa com que gestores precisam também lidar. Foi algo surreal e inacreditável. Prontamente, entrei em contato com amigos policiais, passando o telefone do meu interlocutor, para que as devidas providências fossem tomadas. Não comentei esse episódio com as pessoas do clube, pois não queria estragar o momento de alegria de mais ninguém.

O fato é que sempre haverá aqueles que questionarão o trabalho, focarão nos problemas, mesmo no sucesso. Muitas pessoas sentem-se no direito de abordar dirigentes esportivos da forma como lhes convier, por terem uma sensação de posse, misturada com pertencimento pelo seu clube. E, como já dito, muitas vezes, falta educação nessas abordagens.

Entretanto, que se registre: não é porque o objetivo de 2016 foi atingido (e deveria ser bastante comemorado) que aquele foi um ano sem equívocos. Muito pelo contrário. Muita gente aproveita o êxito para esconder os erros cometidos no caminho. Mas é preciso destacar que, mesmo quando se tem sucesso, é preciso fazer a avaliação sobre onde se acertou e onde se errou, para que, na próxima jornada, o caminho seja menos tortuoso.

Tanto fizemos essa análise que, apesar de ter atingido o objetivo principal da temporada — que era o acesso à Série A —, optamos por não continuar com o diretor de futebol que esteve conosco naquele ano. É de se dizer que, quando se desliga um membro de alto escalão do clube, não deixa de ser um fracasso de toda a gestão e não apenas da pessoa demitida, afinal, tal profissional foi criteriosamente escolhido para desempenhar aquele papel.

O trabalho de um departamento de futebol é muito mais que apenas contratar jogadores (que já é um baita desafio)! Há a gestão de elenco e de funcionários, os relacionamentos com o mercado — agentes e clubes —, a necessidade de agilidade e assertividade na condução de todos os processos de gestão, além da necessidade de um perfil que seja complementar à equipe de gestão montada e que se encaixe na visão da presidência para o futuro do clube.

Assim, o ano de 2016 foi de muitos aprendizados! Reformulação no meio de uma temporada, com demissão de treinador, e dispensa de atletas e contratação de novos jogadores não é algo que gostaríamos de fazer. Porém, o compromisso de um gestor de futebol não deve ser com seus conceitos, mas, sim, com a realidade. Se a aplicação dos conceitos em que se acredita não estiver dando resultado, é preciso ter humildade e flexibilidade para buscar adaptações que façam com que os objetivos sejam alcançados.

Firmeza de convicção não deve ser engessamento. Já dizia Raul Seixas: "Eu prefiro ser essa metamorfose ambulante do que ter aquela velha opinião formada sobre tudo".

## CASO VICTOR RAMOS

O Direito Desportivo é visto, muitas vezes, de forma equivocada, como uma ferramenta para buscar "viradas de mesa". Há um imaginário de que, se o resultado de campo de um determinado clube for de encontro a determinados interesses políticos ou comerciais, forças ocultas poderosas irão buscar alguma justificativa jurídica para reverter o resultado esportivo, através da Justiça.

Essa visão preconceituosa é uma grande injustiça. Embora isso possa ocorrer casualmente, o fato é que o Direito Desportivo é fundamental para que as competições ocorram num ambiente de equilíbrio e igualdade técnica, com todos os participantes submetendo-se às mesmas normas.

Cumprir as normas desportivas não é um detalhe. É algo básico e fundamental. E quem não cumpre precisa, de fato, ser punido. E, se isso impactar nos resultados de campo, ótimo! Ótimo, sim! Porque é só com impacto no âmbito desportivo que os gestores (e também os torcedores) aprenderão que o desrespeito às leis tem consequências de verdade. E qual maior consequência pode haver no esporte do que a perda de pontos num campeonato?

Feita essa introdução, convém abordar especificamente um caso que mexeu muito com o mundo do Direito Desportivo, primeiro na Bahia, depois no Brasil, tendo, até mesmo, ultrapassado fronteiras e chegado à Suíça.

Em meio aos jogos eliminatórios do Campeonato Baiano de 2016, iniciou-se um boato sobre a escalação irregular do atleta Victor Ramos, por parte do Esporte Clube Vitória. Em síntese, o atleta era federado num clube mexicano, o Monterrey. Na temporada de 2015, esteve emprestado ao Palmeiras. Na de 2016, foi emprestado ao Vitória.

Até aí, tudo bem.

Ocorre que o procedimento para realizar o empréstimo do jogador ao Vitória não foi respeitado. Com o fim do seu vínculo com o Palmeiras, Victor Ramos deveria ter sido devolvido ao Monterrey. Após isso, um novo empréstimo deveria acontecer para o Vitória. Isso, evidentemente, seria uma transferência internacional, pois o vínculo do atleta sairia de um clube mexicano para um brasileiro. Entretanto, nessa oportunidade, a janela de transferências internacionais estava fechada.

Eis, então, que foi dado um "jeitinho", algo típico da nossa cultura brasileira. O Vitória contou com o apoio da CBF para caracterizar essa transferência como nacional — o que não foi suficiente para evitar processos junto ao STJD (Superior Tribunal de Justiça Desportiva).

Primeiro, um clube baiano, o Flamengo de Guanambi, acionou o Vitória por conta dessa irregularidade junto ao Tribunal de Justiça Desportiva da Bahia, buscando sua vaga no campeonato estadual. Depois, o Bahia acionou o STJD por conta da escalação do mesmo atleta na Copa do Brasil.

Para "fechar com chave de ouro" a celeuma, o Internacional foi rebaixado na Série A. Quem estava logo acima do clube colorado na tabela de classificação? O Vitória, de Victor Ramos. Assim, o clube gaúcho foi mais um a mover ação buscando a punição do rubro-negro baiano.

A imensa maioria dos especialistas em Direito Desportivo não tem dúvidas quanto à natureza da transferência de Victor Ramos para o Vitória. Por mais que houvesse um vínculo anterior de empréstimo com o Palmeiras, a transferência deveria ser internacional (do Monterrey para o Vitória).

O fato, contudo, foi que o Vitória não sofreu qualquer punição. Então, o entendimento jurídico que prevaleceu foi outro? Não! Na verdade, nunca se conseguiu discutir o mérito da questão. Sempre foram suscitadas questões procedimentais que fizeram o processo ser morto sem que fosse avaliada de fato a irregularidade na inscrição do atleta. Nesse episódio, o que testemunhamos foi uma "virada de mesa às avessas", porque os resultados de campo foram mantidos, à revelia da melhor aplicação da Lei.

E o que aconteceu com quem se insurgiu contra o fato? O Flamengo de Guanambi sumiu. Não disputou nem sequer a Série B do campeonato baiano de 2020. O Inter foi rebaixado. E o Bahia? Ah, o Bahia...

Todo esse contexto gerou uma enorme insatisfação em dirigentes e torcedores do tricolor baiano, pois a prática equivocada na contratação de Victor Ramos pelo Vitória era, na sua leitura, evidente, mas foi amparada pela Federação Baiana e pela Confederação Brasileira de Futebol.

Foi nesse cenário que transcorreram os jogos finais do Campeonato Baiano de 2016, apitados por Anderson Daronco e Leandro Pedro Vuaden, árbitros vinculados à Federação Gaúcha de Futebol. Como já mencionado no Capítulo 7, a atuação desses dois senhores foi desastrosa, tendo impactado diretamente na perda do título do Bahia.

Agora, coloquem-se no lugar de um gestor do Bahia! Um ano antes, testemunha uma tentativa de extorsão vinculada à arbitragem. Denuncia. Nada acontece. No ano seguinte, identifica (junto a toda comunidade jurídica ou, ao menos sua imensa maioria) uma irregularidade praticada pelo seu rival local. Denuncia. Nada acontece. O que ocorre, pouco tempo depois, é que são enviados árbitros para apitar as finais do campeonato que disputa com o referido rival, e ambos erram bizarramente contra seu clube.

Esses são fatos.

Talvez, enumerando esses fatos, fique mais fácil entender aquela entrevista, que já mencionei anteriormente, concedida após a derrota num clássico Ba-Vi no ano seguinte, 2017 — no qual, mais uma vez, o Bahia foi prejudicado pela arbitragem, que expulsou injustamente um dos seus atletas. Já transcrevi o conteúdo daquela coletiva num capítulo anterior, mas vou pedir perdão e repeti-lo, pois, creio eu, talvez esse contexto mude a sua leitura das mesmas palavras.

> *Um clássico importante, um dos maiores clássicos do Nordeste... e a diretoria do Bahia quer aqui perguntar de público para CBF, comissão de arbitragem, FBF, Liga do Nordeste, o que nós precisamos fazer para deixar de ser prejudicados pela arbitragem. Nós não aguentamos mais! A gente precisa se alinhar com quem? Votar pelo quê? Fazer o quê? A gente não vai mais brigar! Só parem de prejudicar o Esporte Clube Bahia. O Bahia não aguenta mais. Digam o que querem, que nós vamos atender.*

Por vezes, um contexto muda toda a interpretação, não é mesmo? O que poderia parecer uma mera muleta, uma tentativa torta de justificar uma derrota perante sua torcida, pode passar a ser compreendido como o que realmente era: uma manifestação de inconformismo e indignação com uma sequência de fatos de natureza, no mínimo, inquietante.

Só muda as coisas quem se põe contra aquilo em que não acredita e defende o que entende ser o correto. Ver, se incomodar e se calar, não adianta nada. Nenhum problema se resolve por omissão.

No caso Victor Ramos, a atuação do Bahia não obteve resultado positivo. A questão, então, é: não temos controle sobre o resultado que obteremos, mas sempre teremos controle sobre a nossa forma de agir, sobre o que nos motiva e sobre como buscamos realizar aquilo em que acreditamos. Nesse sentido, não vejo fracasso na atuação do Bahia — ou mesmo do Internacional e do Flamengo de Guanambi — no caso Victor Ramos. Nesse caso, quem fracassou foi a Justiça.

# LIÇÃO NÚMERO 11

# CONCEITOS NÃO SÃO FINS EM SI MESMOS

Muitas pessoas entram no mundo da gestão esportiva acreditando que tudo muda com a implementação dos conceitos corretos.

Está tudo bagunçado? Vamos profissionalizar e implementar gestão corporativa. Tem muita política? Vamos falar em transformação em empresa, superando o modelo associativo.

E isso vale até para o campo: *temos que dar tempo aos treinadores; time bom é o que joga de forma propositiva; em time que está ganhando não se mexe...*

Na verdade, a prática mostra que, muitas vezes, a teoria, por mais bonita que seja, não se aplica perfeitamente. O mundo ideal só existe na cabeça de cada um. A realidade é muito mais implacável do que imaginam aqueles que acreditam que "basta fazer tudo certo, que as coisas vão funcionar". Infelizmente, não é essa a lógica que ocorre nas quatro linhas. E é lá que se avalia, no fim do dia, se tudo que foi feito na gestão de um clube funcionou.

A verdade, portanto, é que, no fim das contas, dentro de um clube, tudo e todos servem ao futebol. O RH, o departamento administrativo, o financeiro, o *marketing*, o comercial... Se não repercutir positivamente no campo, é pouco importante. Ou você acha que as economias de uma eficiência administrativa serão gastas com algo diferente do futebol? O mesmo raciocínio pode ser aplicado à grana extra de um contrato melhor de patrocínio.

É preciso ter essa realidade (tudo e todos servem ao futebol) de forma muito clara e cristalina. A razão de ser de um clube é o que ocorre dentro das quatro linhas. É o que desperta a paixão do torcedor que, em última análise, é quem faz o negócio ter valor e, consequentemente, faz circular tanto dinheiro.

## CONVICÇÃO NÃO PODE VIRAR TEIMOSIA

Eis uma lição difícil de ser assimilada. Especialmente num ambiente cheio de vaidades.

Os exemplos que posso lembrar para ilustrar esse aprendizado são inúmeros.

A primeira lição que assimilei sobre "Convicção x Teimosia" ocorreu logo que comecei a trabalhar com futebol, e tanto eu quanto o presidente do clube éramos contra o pagamento de "bichos". Se alguém não sabe do que se trata, esclareço que "bicho" é o pagamento para os componentes do departamento de futebol pela conquista de determinados resultados. É como uma premiação pelo sucesso.

Nunca me pareceu razoável que os atletas do clube devessem receber bicho por vencer os jogos. Ora, os salários desse mercado já são muito bons se comparados a quaisquer outras atividades desenvolvidas no Brasil (ao menos em clubes das séries A e B), então, por que deveriam os funcionários receber a mais por meramente fazer seu trabalho bem-feito? Claro que essa leitura só é pertinente se existir uma situação básica: os salários estiverem sendo pagos em dia. Porém, partindo-se do pressuposto de que sim, não haveria que se pagar bicho, em minha leitura.

Seria essa uma boa política para implementar no clube?

Na teoria, sim. Na prática... A verdade é que o bicho é uma questão cultural. Envolve muito mais elementos do que poderia imaginar um gestor que nunca tenha vivido no mundo do futebol. Para começo de conversa, essa remuneração não era paga apenas para os atletas, mas para todo o departamento de futebol. E se os atletas recebem muito acima do brasileiro médio, não se pode dizer a mesma coisa sobre roupeiros, massagistas, fisioterapeutas etc.

O fato é que o bicho é uma forma de os jogadores manterem seu entorno feliz. Muitos atletas gostam de ajudar funcionários mais humildes. E se essa ajuda for com o dinheiro do clube, e não deles, melhor ainda, não é mesmo?

Cortando "o bicho", os maiores afetados não são os atletas (é bem verdade, contudo, que eles gostam de receber esse valor extra, pois, muitas vezes, é o que não fica sob o controle de terceiros, sejam seus empresários, sejam seus familiares): os grandes prejudicados são os funcionários mais humildes do clube. Qualquer perda financeira para essas pessoas tem um impacto grande, que acaba repercutindo não apenas neles próprios, mas em todas as pessoas que vivem naquele ambiente.

O problema é que mudar uma cultura tão consolidada, há décadas, não apenas em um clube, mas em todo o futebol brasileiro, não é algo simples e rápido de se fazer.

Assim, naturalmente, a ideia de não ter bicho na gestão que se iniciou em 2015 não deu certo.

Claro que pudemos implementar melhorias no conceito até então existente. Criar metas de médio e longo prazo, definir a divisão dos pagamentos entre atletas e membros da equipe técnica etc. Não era possível ir do 8 ao 80 logo de saída, mas é razoável tentar mudar a cultura aos poucos, para quem sabe, a médio e longo prazo, conseguir consolidar uma verdadeira transformação.

## CONVICÇÃO TAMBÉM VIRA TEIMOSIA NO CAMPO — ISSO NÃO É PRIVILÉGIO DA GESTÃO

Nos últimos anos tem crescido, no Brasil, o conceito de fazer um jogo de toque de bola desde a saída, com o goleiro jogando com os defensores para tentar construir a jogada desde o campo de defesa. Vê-se muito a aplicação desse conceito na Europa. Isso requer goleiro e defensores com qualidade técnica boa (normalmente acima da que temos nos campos brasileiros) e muito treinamento.

A ideia de tornar o futebol brasileiro tão bonito como o europeu é inspiradora, afinal, quem não quer imitar o tiki-taka de Guardiola? Aqui, no Brasil, quem primeiro tentou implementar essa filosofia de jogo foi Fernando Diniz — inicialmente rotulado como louco. Muitos imaginavam que ele jamais teria oportunidades em "times grandes". Mas teve e fez trabalhos do mesmo nível da maioria dos técnicos que o antecederam, e alguns até melhores, ao menos na minha humilde leitura.

Tá, Pedro, mas onde a convicção vira teimosia nesse estilo de jogo? Ah, a resposta é simples, meu caro leitor! Hoje em dia, parece haver uma demonização da bola longa na saída de bola! "Ligação direta" virou sinônimo de pensamento ultrapassado para o futebol, quando, na verdade, é apenas um recurso. Não há nada de errado em esticar a bola para um atacante que tenha a capacidade de fazer um "pivô", nem de brigar por uma "segunda bola". Não aprofundarei em questões táticas aqui, pois não é o principal objetivo neste momento, mas o fato é que, seguindo esse conceito de forma radical, testemunhamos, nos Campeonatos Brasileiros dos últimos anos, uma série de entregadas patéticas de goleiros e zagueiros que proporcionaram inúmeros gols para os seus adversários.

O fato é que a imposição conceitual desse "jogo apoiado desde o tiro de meta", sem respeitar características e limitações de elencos dos clubes brasileiros, além de falta de tempo de treino, tem proporcionado pixotadas bizarras. Os atacantes agradecem.

## A HISTÓRIA DO SAPO NA PANELA

Um dos exemplos através do qual aprendi que conceitos não podem ser tratados como fins em si mesmos ocorreu entre 2019 e 2020, no Bahia. Como já mencionei anteriormente, o clube havia trazido Roger Machado para seu comando técnico e ele teve um início de trabalho extremamente promissor.

O treinador chegou em abril de 2019, assumindo o clube já nas fases finais do campeonato estadual. Conquistou o título. Conseguiu promover um encaixe no time nos primeiros meses de trabalho que proporcionou não apenas um belo futebol, mas uma grande arrancada no Campeonato Brasileiro, bem como um avanço até as quartas de final da Copa do Brasil.

Ocorre, contudo, que, após esse início, que causou entusiasmo, o rendimento do time caiu bruscamente. Não havia uma explicação fácil para aquela queda. Teria sido por conta da venda de um jogador titular no meio do ano? Será que foi por conta da leitura que os adversários fizeram do modelo de jogo proposto? Talvez tivesse sido por conta simplesmente da queda de rendimento de jogadores importantes.

O fato é que o time teve uma queda brusca de *performance* técnica, e isso trouxe efeitos bem claros na tabela de classificação, realizando um segundo turno pífio, que só não fez o Bahia correr risco de rebaixamento devido ao bom aproveitamento na primeira metade da competição.

Quando isso ocorreu, muitas pessoas questionaram a continuidade do trabalho da comissão técnica. Porém, a diretoria do Bahia tinha uma filosofia de bancar o conceito de trabalho de longo prazo, pois acreditava que não se consegue evolução real demitindo treinador como quem troca de roupa. O conceito é correto e coerente, mas é preciso fazer uma avaliação de sua aplicação prática.

Isso me lembra da famosa história do sapo na panela. Reza a lenda que se um sapo for colocado em uma grande panela, com água na temperatura ambiente, ele ficará lá, tranquilo e estático, mesmo se colocarmos a panela no fogo. O sapo não reage ao gradual aumento da temperatura (mudanças do ambiente) e acaba morrendo quando a água ferve. Tranquilo, feliz e... morto. No entanto, outro sapo, jogado nesse mesmo recipiente, já com água fervendo, salta, imediatamente, para fora, meio chamuscado; porém, vivo!

Invertamos agora a ordem dos fatores no Campeonato Brasileiro realizado pelo Bahia em 2019. Se um treinador tivesse apresentado uma *performance* muito ruim no primeiro turno da competição, será que qualquer diretoria teria mantido seu emprego? A metáfora do sapo na panela parece se aplicar perfeitamente ao caso. O time foi caindo de rendimento de forma seguida, mas a tranquilidade inicial, garantida pelos bons resultados obtidos nos primeiros meses, fez com que os gestores não se atentassem para o ambiente.

Registre-se: Roger Machado é um bom profissional — assim como é também cada membro da sua comissão técnica. Ocorre que, por vezes, ciclos precisam ser encerrados, e é necessário encarar essa realidade.

Firme no seu conceito, contudo, a diretoria do clube resolveu manter o treinador para a temporada seguinte, participando da montagem do novo elenco. Infelizmente, o trabalho não deu certo, a *performance* no primeiro semestre de 2020 continuou aquém do que se esperava e Roger foi demitido ainda nas rodadas iniciais do Brasileiro daquele ano, depois de ter sido eliminado na primeira fase da Copa do Brasil para o River do Piauí, perder um clássico Ba-Vi no qual o Bahia estava invicto por alguns anos, além de ser derrotado na final da Copa do Nordeste para o Ceará tendo os dois jogos da final disputados em Salvador (por conta da pandemia). Podemos dizer que o sapo ficou bem cozido, nesse caso.

## FLEXIBILIDADE PARA FAZER MUDANÇAS

Concluímos, então, que, para mudar as coisas de verdade, no futebol, temos que ter conceitos novos que tragam profissionalização, transparência, gestão corporativa... Porém, não podemos achar que a implementação de tudo isso vai ocorrer do dia para a noite, que a lógica das coisas é cartesiana e que tudo é preto ou branco.

Um parêntese: em capítulo anterior, fui contundente ao afirmar que devemos ser radicais na implementação de alguns conceitos e práticas. Não estou sendo contraditório agora. Lá me referi a questões éticas, morais e conceituais inegociáveis. Aqui me refiro a assuntos que precisam e devem ser modificados, mas que podem ser conduzidos com jogo de cintura, flexibilidade, para evoluir gradativamente. O gestor não pode lutar todas as guerras ao mesmo tempo.

Vejamos uma situação muito comum quando se fala em gestão de time de futebol: TETO SALARIAL.

No final de 2020, tive a oportunidade de participar de alguns eventos e *lives* e, num deles, com um candidato à presidência do Santos Futebol Clube, foi-me perguntado o que pensava em relação ao estabelecimento de teto salarial para clubes de futebol.

Antes de responder à questão, é preciso destacar que há alguns clubes que inflacionam muito o salário de atletas. É uma infeliz realidade de mercado. Existem diversos jogadores que recebem salários, na minha concepção, injustificáveis. No entanto, na hora de contratar seus reforços, de montar o elenco, o que mais se escuta é: "se seu clube não pagar o que for pedido, outro pagará — ou ao menos dirá que irá fazê-lo —, e acabará levando o jogador".

Não estou dizendo que gosto dessa realidade. Apenas estou descrevendo como ela é. E, sendo assim, é preciso se adaptar a ela para competir com a concorrência. Penso que o que deve ter limite é o gasto global do clube no departamento de futebol. Cada atleta tem seu valor e entrega em campo um "produto" diferente dos seus companheiros, e, além disso, fazem entregas diferentes fora do campo também.

Quando o Santos tinha Neymar, por exemplo, deveria se preocupar com um teto salarial para mantê-lo? Parece-me que não. Voltando para a realidade de 2020, momento em que a referida *live* aconteceu, quando o clube da Baixada Santista teve em Marinho seu grande destaque, tendo ele, até mesmo, sido o "Rei da América"[6], será que deveria deixar de renovar seu contrato por conta de uma política de "teto salarial"?

É preciso haver equilíbrio, responsabilidade e flexibilidade.

Se o teto do departamento de futebol de um clube é de 2 milhões de reais, por exemplo, não é razoável contratar um jogador de 500 mil, pois ele, sozinho, consumiria 25% de todo o departamento; mas essa condução deve ser feita pelo gestor do futebol, com base nos números globais que lhe são apresentados.

---

[6] Premiação concedida ao melhor jogador da América do Sul, organizada pelo jornal uruguaio El País que leva em consideração a votação popular e também a opinião de jornalistas.

A ideia de um "teto salarial" é interessante, especificamente para ter um discernimento de como se pretende investir e do tipo de jogador que se deve contratar; mas é preciso ter flexibilidade, pois, se houver um "fora de série", é importante buscar a sua contratação ou manutenção no clube.

## CONCEITOS EM CONFLITO

Em alguns momentos, durante a gestão, pode haver choque entre conceitos que se busca implementar. Esse é um momento delicado, em que o líder precisa ter ponderação e jogo de cintura. Em algumas situações, os conflitos poderão ser menores e mais facilmente contornáveis, como algum desentendimento administrável decorrente de choques (muito comuns) entre os departamentos administrativo/financeiro e o de futebol. Afinal, é de se esperar que quem controla o dinheiro, eventualmente, entre em rota de colisão com aqueles que mais acabam por gastá-lo.

Porém, os conflitos mais radicais, ao menos nos dias atuais, acabam envolvendo questões de valores morais. Posso me lembrar, rapidamente, de ao menos três grandes exemplos, só no ano de 2020, quando muita gente interpretou haver uma dicotomia entre priorizar o departamento de futebol ou as questões morais: a contratação do goleiro Jean, pelo Atlético de Goiás, após a exposição da acusação de agressão por sua esposa; a contratação de Robinho, pelo Santos, enquanto havia um processo de estupro em curso contra ele na Itália, onde, aliás, já havia uma condenação em primeira instância (apenas em 2022, o jogador teve a sentença final de condenação); e a situação do atleta Índio Ramirez, do Bahia, que foi acusado por Gerson, do Flamengo, de injúria racial durante uma partida.

Por estar mais próximo do último caso e, também, por ter sido a última situação a ocorrer, abordarei aqui o imbróglio de Índio Ramirez e a condução do caso pelo Bahia. Registro que, quando isso ocorreu, eu já não era mais dirigente do clube, de modo que as informações que trago são com base em percepções (externas) sobre o que foi exposto pela imprensa, além de manifestações oficiais dos envolvidos.

Na verdade, o que houve, no caso de Índio Ramirez, com a condução do Esporte Clube Bahia, foi o que se chama de gestão de crise. Convém analisar como ela foi feita.

Antes de mais nada, convém destacar que o Bahia se consolidou, nos últimos anos, como um dos clubes mais socialmente responsáveis do Brasil, devido às ações de destaque que adotou, com participação decisiva do seu Núcleo de Ações Afirmativas.

Quis o destino que justamente esse clube tivesse um atleta acusado de prática de injúria racial. Ao final da partida contra o Flamengo, o meia Gerson acusou Índio Ramirez de ter dirigido a ele a frase "Cale a boca, negro".

A partir daí, iniciou-se uma crise que foi conduzida de várias formas e com vários agentes: atletas, Flamengo, imprensa e Bahia. A análise aqui será debruçada sobre a condução que o Bahia deu à crise nas primeiras 72 horas do ocorrido.

Poucas horas após a denúncia de Gerson, o Bahia publicou uma nota oficial, na qual informava que tomou conhecimento do assunto e que o atleta acusado de racismo fora afastado das atividades, mesmo negando veementemente as acusações. O clube baiano pontuou, ainda, que, nesse tipo de situação, a palavra da vítima deve ser preponderante e informou, por fim, que o presidente da instituição, Guilherme Bellintani, entrou em contato com o jogador rubro-negro, a fim de prestar solidariedade.

A gestão dessa crise por parte do Esporte Clube Bahia envolve uma série de vieses. O primeiro e mais evidente é a luta antirracista. Analisando exclusivamente por esse aspecto, a condução do clube foi irrepreensível. Mostrou-se disposto a "cortar na carne" e respeitou o relato da vítima, algo fundamental em casos de crimes como racismo e violência sexual.

Há, entretanto, outras perspectivas que devem sem consideradas na gestão de uma situação como essa. A gestão de imagem do clube também é fundamental. Quanto a esse quesito, parece-me que o Bahia conduziu a situação de forma apenas "razoável". Isso porque, por mais que tenha mantido a coerência de alinhar sua ação no episódio aos discursos que sempre adotou, como um clube responsável socialmente, há outros pontos que impactam na visão que as pessoas terão do clube.

Houve quem entendesse o afastamento preventivo de Índio Ramirez não como uma medida de preservação do atleta ou de facilitação da investigação dos fatos, ou mesmo de lhe proporcionar tempo para apresentar sua defesa. Muitos, já seguindo a "cultura do cancelamento", entenderam que o Bahia já estava antecipando uma punição e atribuindo culpa ao jogador. Falhou a comunicação nesse sentido.

Essa imagem foi reforçada quando, no dia seguinte, o clube divulgou um vídeo com a versão dos fatos, na visão do jogador colombiano, mas, ao fazê-lo, introduziu a publicação do referido material com o texto "A pedido do atleta". Isso denotou, na visão de muita gente, uma tentativa de descolamento do clube do jogador, como se não quisesse estar vinculado ao exercício do seu direito de defesa. Para completar esse caminho equivocado, o Bahia não tomou o cuidado de legendar a declaração do atleta (que fala em espanhol), o que dificultou, sobremaneira, o entendimento de sua versão.

Registre-se, por oportuno, que permitir o exercício do direito de defesa e do contraditório, em momento algum, significaria desqualificar a palavra de Gerson, mas apenas o respeito aos procedimentos estabelecidos pelo Estado Democrático de Direito, que, diferentemente das redes sociais, parte do princípio da presunção de inocência, mesmo em casos de acusações gravíssimas, como a recebida por Ramirez.

O terceiro viés a ser considerado na condução dessa crise é a gestão de pessoas. Todo clube de futebol é enorme e formado por "microambientes". O mais relevante deles é o "Vestiário". O Vestiário é composto dos profissionais que vivem o futebol. Os agentes mais relevantes são as lideranças e os atletas. E atletas não gostam de se sentir desamparados. Se o Vestiário acreditasse na inocência de Índio Ramirez e a diretoria do clube não defendesse contundentemente o jogador, isso, com certeza, ocasionaria sérios problemas para o time. O mesmo valeria para situação inversa: se o Vestiário entendesse que o atleta era culpado e a diretoria fosse leniente com ele, isso, igualmente, geraria dificuldades para o time.

Nessas 72 horas, não surgiram provas que consubstanciassem a acusação de Gerson. Isso não diminui a gravidade de suas palavras, mas, em tese, aumenta a credibilidade do que disse Índio. Seria possível que ninguém estivesse mentindo, um mal-entendido seria algo plenamente factível, até mesmo pela confusão dos idiomas e os sotaques português e espanhol.

Num exercício que pareceu ser de construção de narrativa, no legítimo interesse de defender seu atleta, o Flamengo contratou intérpretes de libras, que fizeram a "leitura labial" de Índio Ramirez e afirmam que o atleta colombiano teria sido racista, em outro momento da partida, com o jogador Bruno Henrique. Contudo, essa segunda acusação pareceu, em verdade, tirar força da primeira, até porque transpareceu ser uma "caça às bruxas", no intuito de levantar alguma prova de que o atleta do clube baiano seria racista.

Só que, enquanto havia a leitura de que o colombiano teria dito "seu negro" a Bruno Henrique — que negou ter escutado tal ofensa —, por parte dos "peritos" (cuja língua-mãe não é o espanhol) contratados pelo Flamengo, o Bahia contratou um perito independente, de origem chilena e radicado em São Paulo, que afirmou, categoricamente, que o atleta disse *"tá quanto?"*, em expressa provocação ao adversário, com referência ao placar do jogo que, àquela altura, estava 3x2 para o tricolor.

Para controverter ainda mais a situação, o Instituto Nacional de Educação de Surdos (INES), que foi citado como local de trabalho dos profissionais contratados pela equipe carioca, emitiu uma nota informando que não tem competência para realizar laudos técnicos de leitura labial. Entretanto, a essa altura, o vice-presidente flamenguista já havia informado que o clube apresentaria denúncia do suposto racismo praticado, agora, contra Bruno Henrique.

Sem fazer qualquer juízo de valor sobre culpabilidade ou inocência do acusado, nas 48 horas seguintes ao jogo, o que se vislumbrou, na imprensa e nas redes sociais, foi um massacre à imagem e à reputação do atleta Índio Ramirez, que foi condenado sumariamente, sem direito à defesa. A conduta foi reforçada pela ação do Flamengo, que atuou em defesa dos interesses dos seus atletas, mas acabou por construir uma narrativa que seria muito difícil de ser revertida, mesmo com os fatos trazidos posteriormente.

O Bahia, por sua vez, como já dito, portou-se, nessa gestão de crise, de uma forma que pode ter diversas avaliações. Pelos critérios de valorização do antirracismo e da coerência, não há qualquer crítica que possa ser feita. Foram dados voz e valor àquele que alegou ser vítima de injuria racial. O atleta acusado foi afastado, e o clube manteve contato com seu Núcleo de Ações Afirmativas e agiu de forma muito responsável socialmente.

Em relação a sua imagem como um todo, o Bahia, entretanto, poderia ter sido mais cuidadoso, porque, na ânsia de se mostrar antirracista, transpareceu um certo abandono do atleta, ainda que não tenha sido essa a intenção ou mesmo a conduta do clube. Grande parte da torcida ficou insatisfeita ao ver a imprensa nacional condenando o jogador, sem que lhe fosse oportunizada uma defesa mais incisiva. Isso tudo, aliado a uma linha bastante firme do Flamengo nas acusações a Ramirez, gerou um prejulgamento muito forte que, com certeza, afetou o atleta e até a autoestima dos torcedores baianos.

Sobre o cuidado com o "Vestiário" é um elemento que só quem estava vivendo o dia a dia do clube poderia avaliar. Quando esse fato ocorreu, como já dito, eu já havia me desligado da instituição havia alguns meses, de modo que qualquer impressão que possa passar terá sido por relatos de terceiros, então, não seria razoável fazer uma crítica ou um elogio à condução dos gestores no tocante a esse viés, mas apenas ressaltar a importância de sua observação.

O grande resumo dessa história é o seguinte: há muito mais a avaliar na gestão de uma crise do que apenas o que é revelado inicialmente. Nesse exemplo, temos um elemento importantíssimo, que é o antirracismo, mas, como exposto, ele não é o único fator a ser considerado na condução dos processos e na tomada de decisão.

É preciso dizer que, em qualquer crise, é imprescindível realizar um constante monitoramento de dados. É necessário entender como o público está reagindo às informações postas, às construções narrativas, e o gestor deve ter agilidade para não permitir a consolidação de um entendimento que seja prejudicial a sua instituição ou àqueles que a ela estão agregados.

De fato, a situação é muito mais complexa do que a mera decisão de afastar ou não um atleta durante as investigações, como pudemos ver.

Registre-se, por fim, que, logo após as 72 horas iniciais, o Bahia reintegrou o atleta Índio Ramirez ao grupo. Fez esse anúncio aliado à publicação de uma "carta à sociedade", na qual reiterou seus valores antir-racistas e anunciou inovações no clube, tais como a inclusão, nos contratos, de cláusulas que autorizassem rescisão contratual com atletas, em caso de práticas racistas, homofóbicas ou xenofóbicas.

O jogador colombiano entrou em campo no domingo seguinte e marcou um gol na derrota para o Internacional. Para algumas pessoas, a reintegração do jogador veio como um processo natural e justo de avaliação interna, ausência de provas após período de afastamento e impossibilidade de condenação sumária pela acusação. Registre-se que a denúncia, no Superior Tribunal de Justiça Desportiva, foi arquivada, em fevereiro de 2021, por insuficiência de provas.

Por outro lado, numa situação como essas, é impossível agradar a todos. O público mais apegado à linha antirracista, especialmente fora da Bahia, entendeu que o retorno do jogador ao time foi uma priorização do aspecto técnico e esportivo, em detrimento do conceitual. Houve, ainda, muitos que afirmaram que a decisão da diretoria se deu em consequência da repercussão ruim, junto à torcida, da sua abordagem inicial, pois, além do aparente desamparo ao atleta, a situação do time em campo —- brigando contra o rebaixamento — poderia ter pesado.

Só quem toma as decisões sabe os elementos que utiliza para decidir. O melhor a fazer, em quase todos os casos, é expor cada passo com a maior transparência possível, durante todo o processo. Concordando ou discordando das posições adotadas, o mínimo que se espera é que haja a exposição das motivações; dessa forma, a tendência é que, mesmo que as pessoas não concordem, ao menos entendam, o que faz diminuir as rachaduras de um processo desgastante, como é a gestão de crise.

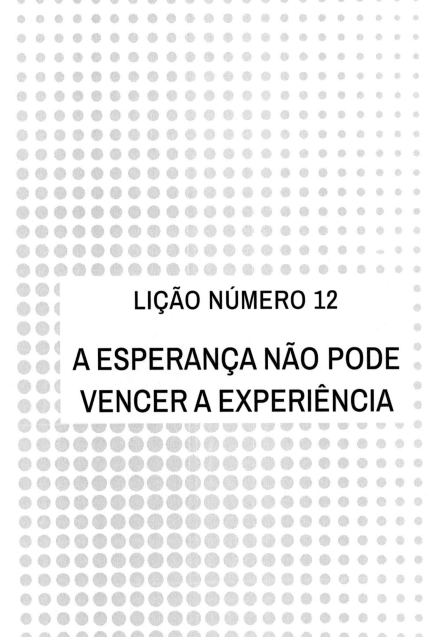

# LIÇÃO NÚMERO 12

# A ESPERANÇA NÃO PODE VENCER A EXPERIÊNCIA

Tal como a vida, a gestão esportiva é cíclica. Volta e meia, cenários se repetem. Isso é muito positivo, pois possibilita a demonstração da capacidade de aprendizado.

A dinâmica do futebol é muito acelerada. O acerto de uma decisão tomada na segunda-feira é rapidamente esquecido diante de um desacerto numa quinta-feira, ainda mais se, no meio do caminho, houver uma derrota no campo.

A realidade é que, na gestão de um clube de futebol, situações similares ocorrem com uma certa constância, de modo que é possível que, rapidamente, surja uma possibilidade de repetir um erro ou de agir de forma diferente e corrigir uma decisão equivocada.

Os exemplos são vários: de tempos em tempos, há as renovações dos contratos dos direitos de transmissão com a TV. Se houve cláusulas que o clube entendeu prejudiciais, há possibilidade de tentar renegociá-las ou até suprimi-las na próxima rodada de tratativas. Nesse sentido, muitos clubes firmaram contratos com as emissoras de TV, no ano de 2016, que valiam de 2019 a 2024. Agora, já estamos em 2022, então, pela lógica, já é momento de começar a pensar nas próximas negociações. E o contexto atual é ainda mais complexo, com toda a celeuma instaurada sobre o "direito do mandante".

## NÃO COMETA OS MESMOS ERROS

Errar é muito ruim. Quando seu equívoco traz prejuízos técnicos ao clube (e, consequentemente, também financeiros), é ainda pior. Existem práticas, na cultura do futebol, que alimentam um ciclo vicioso de repetição de condutas que claramente não dão resultado positivo.

É o que foi dito lá no primeiro capítulo: não dá para fazer as mesmas coisas e esperar resultados diferentes. Porém, mesmo os mais modernos dirigentes, acabam cometendo esse tipo de equívoco sem nem sequer perceberem!

Vamos a um exemplo muito simples: contratação de atletas. Todos os anos, o futebol se inicia (ou deveria se iniciar) com o planejamento de montagem da equipe da temporada. Pode haver uma manutenção do grupo da temporada anterior, pode haver uma grande reformulação, ou pode existir um meio termo. O fato, porém, é que, normalmente, sempre há chegadas e partidas, entre uma temporada e outra.

Daí começa o trabalho de montagem do elenco. Normalmente, escutam-se os profissionais da comissão técnica e do departamento de futebol, entre dirigentes e analistas de desempenho, para chegar a um leque de opções viáveis ao clube, tanto no aspecto técnico quanto no financeiro.

Ocorre que, dentro do ambiente do futebol, há muitas questões de relacionamentos e confiança. Por vezes, um treinador não gosta de um atleta ou não confia nele, e não quer a sua manutenção. Como o dirigente deve se portar nesse tipo de situação?

Não existe uma fórmula predefinida. O dirigente, sendo o líder maior da instituição, deve sempre buscar preservar os interesses do clube, que, por vezes, não equivalem, necessariamente, às pretensões de um atleta ou treinador. Não me parece razoável dispensar ou deixar de renovar com um atleta, em quem todo o departamento de futebol crê existir grande potencial, por conta de eventuais desavenças dele com o treinador. O melhor seria colocar os dois numa sala e resolver a situação. Infelizmente, contudo, essa não é a condução usual no mundo da bola.

*De que adianta manter um jogador se o treinador não vai querer escalar?* Ora, em última análise, evidentemente, a responsabilidade de definir o time é do treinador. Entretanto, se ele escala com base em questões pessoais e não técnicas, essa conta chegará a ele, mais cedo ou mais tarde, por cobrança, seja da torcida, seja da imprensa seja, ainda, dos seus superiores. Afinal, o gestor esportivo precisa respeitar o trabalho do treinador, mas não só pode como deve cobrar explicação sobre as motivações das suas decisões.

Imagine, então, perder um atleta em quem se acreditava por conta de uma rusga com o treinador e, meses depois, acabar demitindo esse profissional (ou vendo ele pedir demissão para ir para outro clube)? Prejuízo dobrado! O time fica sem o atleta em quem os profissionais do departamento de futebol acreditavam e sem o treinador que fez com que ele fosse dispensado.

É preciso ter em conta a realidade do futebol brasileiro na qual, infelizmente, treinadores são demitidos a cada seis meses. Claro que suas opiniões devem ter peso e valor relevantes na montagem do elenco, mas não precisam ser sempre determinantes, especialmente se estiverem em posição antagônica à ampla maioria dos profissionais que compõem o departamento. A mesma lógica aplicável às renovações ou dispensas, deve ser seguida nas contratações. Um clube não pode contratar um jogador apenas porque um treinador demandou e acredita bastante no seu potencial.

O Bahia viveu, numa mesma gestão, exemplos desses erros. Em 2019, o clube optou pela não renovação com o meia Vinicius (que hoje joga no Ceará e é mais conhecido como Vina) e precisava trazer um substituto. O então treinador Enderson Moreira indicou o meia Guilherme, que, à época, tinha vínculo com o Athletico Paranaense, tendo passado por outros grandes clubes ao longo de sua carreira. Enderson já tinha trabalhado com Guilherme anteriormente e confiava na capacidade do jogador.

Ocorre que quase todo o resto do departamento de futebol não tinha essa mesma convicção. Guilherme claramente vinha num momento descendente em sua trajetória. Fazia menos jogos do que "nos bons tempos" e não apresentava a qualidade e intensidade de outrora.

*"Mas esse foi o único pedido específico do treinador".*

Eu, nessa época, não era vinculado ao departamento de futebol, mas, por ter sido VP por três anos e ter participado da montagem do elenco de 2018, não me furtei de opinar nesse caso. Aliás, eu já tinha cometido o erro de bancar a vinda de um atleta a pedido de treinador: em 2017, Guto Ferreira pediu o meia Diego Rosa, que teve uma passagem bastante irrelevante pelo Bahia na oportunidade. Alguns meses depois, Guto pediu demissão para ir treinar o Internacional, e o clube ficou sem treinador e com o contrato de Diego Rosa para resolver o que fazer.

Assim, acabei vendo o Bahia repetir em 2019 um erro que havia cometido em 2017. E, para vermos como essas situações são verdadeiros *loopings*, o mesmo erro voltou a ocorrer em 2020!

O Bahia trouxe o treinador Mano Menezes para substituir Roger Machado, durante o Campeonato Brasileiro de 2020. Provavelmente, em muitos anos, foi o técnico de maior gabarito que trabalhou no clube, afinal, até outro dia, era comandante da seleção brasileira.

No início do seu trabalho, Mano solicitou a contratação de alguns jogadores, entre eles, Anderson Martins e Elias. O perfil "vencedor" desses atletas agradava o treinador, que já os havia comandado em outras situações e entendia que contribuiriam para o grupo. Ocorre que, além de já não serem mais garotos, ambos os atletas estavam sem atuar por muito tempo, seja por questões em seus clubes, seja por conta da pandemia. É muito difícil crer que o departamento de futebol realmente acreditava que atletas com aquele perfil teriam impacto técnico relevante. Não tenho como cravar o posicionamento dos profissionais internos do clube sobre essas contratações, pois, quando isso ocorreu, eu já havia me desligado.

Entretanto, a sequência de fatos comprova minha leitura. Mano foi demitido três meses depois de ser contratado. Elias teve seu contrato rescindido logo na sequência, para evitar uma possível renovação automática. Anderson Martins continuou no clube, uma vez que seu contrato era até o fim do ano seguinte, mas praticamente não entrou em campo e depois acertou a rescisão contratual.

O que se vê nessas histórias? Erros iguais, repetidos. O primeiro erro ocorreu ainda em 2017, numa outra gestão, então, a mesma situação se repetiu em 2019 e, na sequência, em 2020.

Errar é natural. É impossível não cometer erros na gestão de futebol. Mas é preciso aprender com a experiência, seja a sua seja a de outras pessoas. O bom gestor aprende com seus erros, mas o excelente se antecipa e aprende com o dos outros! Não dá para repetir condutas que tiveram resultados ruins, pela mera esperança de que "dessa vez vai dar certo".

Quando a esperança vence a experiência, normalmente, os prejuízos se acumulam.

## É PRECISO SABER ENCERRAR CICLOS

A grande dinâmica do futebol torna a vivência no meio extremamente desgastante para todos os envolvidos. Tudo é muito intenso. A rotina, os jogos, as críticas e até os elogios. Caso a pessoa envolvida não se atente, é fácil ficar imerso no mundo da bola, deixando de viver a vida. E aqui me refiro à vida pessoal, social e familiar.

Quem trabalha com futebol abre mão de muitas coisas — e isso acontece com todos, de atletas a dirigentes. A pressão pela *performance* é elevadíssima. O estresse não é fácil de administrar. Muitas vezes, esses profissionais passam metade de um ano em viagem, longe da família e dos amigos.

E, nessa imersão maluca, muitas vezes, perde-se a noção das coisas mais relevantes, não apenas na vida pessoal, mas também no trabalho. O estresse com uma derrota e a necessidade de promover mudanças num time podem fazer um gestor deixar de se atentar para circunstâncias do ambiente de trabalho que estão prejudicando a *performance* geral.

Mais um clichê que se aplica muito bem ao futebol. É comum que quem esteja vivendo a gestão com tanta imersão e intensidade acabe não conseguindo diagnosticar um problema que é facilmente identificável para um observador mais afastado: "às vezes, a gente tem que se distanciar do papel para ver o desenho com mais clareza". Tudo é uma questão de perspectiva. Renovar e alternar a própria perspectiva é um exercício fundamental para quem vive nesse mundo. E isso se aplica a vários profissionais no futebol! Treinadores, atletas e dirigentes!

Por vezes, é preciso encerrar ciclos de terceiros. É o que ocorre quando um gestor desliga um funcionário, ou quando um treinador avisa a um atleta que ele vai para o banco ou precisará ser negociado.

Sabendo dessa realidade e tendo o controle de suas próprias decisões, cada profissional envolvido no futebol precisa ter um discernimento muito claro sobre o momento de sua vida profissional, os resultados que gera e a avaliação externa de tudo que faz.

Há atletas que têm dificuldade de se aposentar. Deixar a rotina do futebol não é fácil. Porém, não será melhor sair no auge do que ver a qualidade do seu futebol degringolar a um nível folclórico?

Há treinadores que desempenham excelentes trabalhos nos seus clubes, mas o desgaste é algo inerente a esse negócio. Com torcida, com imprensa e até internamente. Como entender o momento de encerrar seus ciclos? Será melhor sair no auge? Será melhor ter sensibilidade para perceber o declínio de *performance* e seguir adiante antes que uma crise severa se apresente? Não existe fórmula pronta, mas é preciso ter muita sensibilidade.

Assistindo à excelente série da Netflix *The Playbook – estratégias para vencer*[7], chamou-me a atenção o episódio centrado no treinador português José Mourinho. Ele afirma que técnicos são constantemente demitidos. É uma realidade nesse mercado. Ele, contudo, gosta de ter controle sobre sua vida e prefere fazer movimentos antecipadamente. Ditar os rumos do seu destino, em lugar de ter seu futuro definido pelos outros. Foi assim que resolveu abandonar a Inter de Milão, logo após conquistar uma Champions League, para embarcar num desafio no Real Madrid.

---

[7] Série dirigida por Alexandria Stapleton, John Henion, Josh Greenbaum e Sarah Feeley. Produzido por LeBron James e Maverick Carter. Estados Unidos da América, 2020.

Certamente não foi uma decisão fácil. Entretanto, olhando para trás, haveria momento melhor de fechar um ciclo do que com um título de tamanha importância?

No Brasil, onde normalmente os treinadores são demitidos em espaços de tempo curto, chama a atenção o histórico de Cuca, técnico campeão brasileiro de 2021 pelo Atlético-MG. O profissional talvez seja o único brasileiro cujo histórico de "fins de relacionamento" remetam mais a pedidos de demissão do que desligamentos por parte do clube. Tanto é assim que, após conquistar o título pelo Galo, o profissional resolveu encerrar sua passagem pelo clube mineiro naquela oportunidade. Ao fazer isso, independente de eventuais desgastes pontuais que possam ter ocorrido, deixou a imagem vencedora e as portas abertas na instituição. Tanto foi assim que, alguns meses depois, quando seu substituto, Antonio Mohamed, foi desligado do clube, Cuca recebeu e aceitou o convite para retornar ao alvinegro de Belo Horizonte.

De se destacar que essa história foi bastante similar à vivida pelo treinador em passagem pelo Palmeiras: foi campeão em 2016, pediu demissão e retornou para uma nova passagem alguns meses depois.

Não me parece justo fazer julgamentos sobre as decisões de Mourinho e Cuca. O português foi realizar o sonho de dirigir um dos maiores clubes do mundo; as decisões do brasileiro, pelo que se noticia, sempre decorreram por conta da necessidade de dar atenção à questões familiares, o que é absolutamente legítimo. Independentemente de quais sejam as razões, com certeza, é bom para o profissional ter controle sobre o seu destino e não ficar refém de instabilidades de um mercado tão difícil como o do futebol.

Cinéfilo que sou, quando vejo a realidade de quem vive no meio do futebol, lembro-me muito de um dos meus "filmes pipoca" favoritos: *Batman: O Cavaleiro das Trevas*[8]. Nele, Harvey Dent, o promotor público que, tempos depois, torna-se o vilão Duas Caras, diz uma frase muito verdadeira: *Ou você morre herói ou vive tempo suficiente para se tornar vilão.*

Um craque entra em decadência.

Um treinador genial vira professor pardal.

E mesmo o melhor dos gestores pode se tornar incompetente ou até ser chamado de bandido, se a bola parar de entrar.

---

[8] Filme dirigido por Cristopher Nolan. Estados Unidos da América, Reino Unido da Grã-Bretanha e Irlanda do Norte: Warner Bros. Pictures, 2008.

É preciso saber encerrar os ciclos.

No meu caso, especificamente no Bahia, vivi três anos como vice-presidente, quando tive a oportunidade de definir as políticas do clube; e, depois, mais dois anos como diretor executivo, tendo a obrigação de trabalhar em prol das diretrizes estabelecidas pelos novos presidente e vice-presidente.

Ao longo desse período de muitas conquistas e frustrações, pude aprender bastante e contribuir para o crescimento do Esporte Clube Bahia.

Nos últimos meses na função, contudo, o desgaste já estava evidente. Já não ia mais trabalhar com alegria e empolgação como em outrora.

Como mencionei ao presidente, quando comuniquei minha intenção de encerrar minha passagem no clube, destaquei que "existem mil maneiras de preparar Neston"... lembra-se da propaganda? Embora eu tenha aprendido bastante no período em que estive como diretor do clube, entendi que, no modelo de trabalho que estava estabelecido, minha contribuição já tinha chegado ao máximo.

Poucas semanas antes, o clube havia inaugurado o Centro de Treinamento Evaristo de Macedo. Um projeto que foi tocado por inúmeros profissionais competentes e dedicados, mas cuja liderança central foi minha. Tratava-se da recuperação de um patrimônio do clube, que tinha sido objeto de disputa judicial e que, agora, havia sido convertido numa das melhores estruturas do Brasil.

Pensei que seria um bom momento para encerrar meu ciclo. Nos meus termos.

É difícil decidir sair da gestão de futebol. Ainda me foi ofertado continuar tocando outros projetos que me agradariam bastante, posto que vinculados a uma área que eu entendia estar com um déficit grande no clube, que era a Divisão de Base. Porém, tendo em vista todo o contexto ao longo do trabalho desempenhado no clube enquanto diretor, não deixei a esperança vencer a experiência.

Era o momento de me despedir.

De abraçar novos desafios.

De escrever um livro.